U0058101

我的過動症

一段從寓言到輔導的旅程

Laura Wolmer 著

陳質采 審訂

陳綺文 譯

My ADHD

A Journey to Attention Deficit Hyperactivity Disorder: From Tale to Coaching

Laura Wolmer

Copyright © Laura Wolmer
English Edition Translator: Donna Bossin
Complex Chinese Edition Copyright © 2011 by
Psychological Publishing Co., Ltd.

作者簡介

　　蘿拉・沃莫（Laura Wolmer），1964年出生於阿根廷，1984年取得教師認證後，移民到以色列，1994年取得台拉維夫大學兒童臨床心理學碩士學位。多年來從事臨床心理師的工作，幫助有各種情緒問題的兒童、青少年與成人，對於輔導並訓練過動兒和他們的家人，經驗豐富。2008年出版《我的過動症》，希望能揭露並粉碎過動症的相關惡名，幫助世人正確認識過動症與患者。此書不僅適用於過動症家庭，也推薦給教育工作者、治療師以及任何願意深入瞭解過動兒的人。作者網站：http://myadhd.co.il（編注：該網站為希伯來文）。

審訂者簡介

　　陳質采，高雄醫學院醫學系畢業，國立陽明大學醫學系公共衛生研究所博士。現任衛生福利部桃園療養院兒童青少年精神科主任醫師、台北實踐大學家庭研究與兒童發展系兼任講師、中華民國台灣兒童青少年精神醫學會理事、中華民國應用音樂推廣協會理事、台灣藝術治療學會理事、台北市少年輔導委員會委員。

譯者簡介

　　陳綺文，國立中央大學法文系畢業。譯有《最好的朋友》、《抓住彩虹：性虐待倖存者的進階治療》、《做傷心人的好朋友：關懷者實用錦囊》、《拉丁文帝國》、《溺・愛》、《重回大地：當代紀實攝影家薩爾卡多相機下的人道呼喚》、《摩洛哥馬拉喀什漫步》、《羅馬漫步》。

高序

　　注意力不足過動症是我二十多年來兒童心智臨床實務中最常見的診斷，也是我十年來鑽研的研究主題。瞭解、診療並協助陪伴過動兒及其家庭已成為我的生活重心之一。長期的臨床經驗和多面向與國際同步的研究，讓我看到這些孩子挫折無奈的一面，也看到父母的鼓勵用心和老師的有教無類，使這些孩子的人生由黑白變彩色，發揮潛能。孩子對他有興趣的事物表現獨到的創見、精力旺盛、全力以赴，讓我見識到引導他們找到自己的優勢和興趣是非常重要的。藥物治療是基本易執行的治療策略，而在目前惡劣的醫療環境之下，在繁忙的門診時間，很難進行完整有效的親職諮商訓練及個案的認知行為治療。因此，我經常輔以定期的父母衛教講座，和介紹書籍給父母閱讀。然而，有些父母認為目前坊間相關的書籍不容易瞭解，無法學以致用，也沒有適當的書籍足以提供親子共讀或孩子自行閱讀。

　　很高興見到以色列臨床心理學家蘿拉‧沃莫（Laura Wolmer）所著的《我的過動症》中文版，將由心理出版社出版。2003 年在台北舉辦的第三屆亞洲兒童青少年精神醫學會，蘿拉的丈夫李奧‧沃莫（Leo Wolmer）應邀演講災難後創傷之處遇，以及之後在國際會議多次見面得知，蘿拉有協助注意力不足過動症兒童（過動兒）及其家庭豐富的經驗，並且正在撰寫專書。在我閱讀原文版書時，發現本書以淺顯易懂的語言，輔以故事描述的手法說明生硬的專業知識、親職訓練的精髓，以及認知行為治療的概念和實務，引領讀者進入治療的情境。我在 5 月底陪兒子考基測的第一天就「欲罷不能」一口氣讀完，好像看小說一樣地著迷。最近再讀中文版，讀起來更加輕鬆愉快，內容描述口語化，如同我在診間和父母及個案進行會談治療一般，我相信這本書勢必廣為讀者喜愛。

　　本書共分為四大章節。第一章告訴我們一個有趣生動的故事，亂糟糟國和潔溜溜國兩個迥然不同極端特質的國家，最後因彼此相知互補而聯婚。第二章，以簡易明瞭的方式讓讀者認識過動兒的世界。第三章，藉由對白形式增加臨場感，讓讀者瞭解過動兒的想法與感受。第四章，以豐富有趣的六種色彩（紅、橙、黃、

綠、藍、紫）帶領讀者踏上彩虹之旅，提供多面向、易執行、超實用的父母親職增能，和改進過動兒自助助人的技巧。本書不僅將許多理論知識以條理清晰、口語及生活化的方式呈現，也加入分段陳述的「給父母的提示」、「親子共讀或孩子自行閱讀」以及「親子課題」等內容，增加不同讀者組合，而且可以搭配紙筆、美勞用具，藉由遊戲及美勞創作增加親子互動和溝通。

　　整體來說，這本書的內容和寫作風格有別於一般注重知識理論灌輸的注意力不足過動症書籍，對於過動兒和其父母、家人或老師，是值得推薦的好書。尤其是苦於不知如何協助孩子的父母，需要提供親職及個別諮商、心理治療的專業醫療人員或師長，本書是不可多得的專業手冊。雖然本書有系統、條理分明地告訴過動兒如何自助、一一解決問題、增強責任感和執行功能，但是因先天的專注力不夠，必定影響過動兒自行閱讀，尤其是對年齡較小的孩子而言。建議開始閱讀本書時，先分段完成、並由父母伴讀，親子間共同參與討論，必能獲益匪淺。

台大醫學院精神科及腦與心智研究所教授

台大醫院精神醫學部主任主治醫師

高淑芬

宋序

　　2007 年 11 月初，抵達以色列的第二天，驚魂未定。從登機前翻箱倒櫃的行李檢查，到歷時 2 小時三位海關官員輪流偵訊的入境過程，我對這個頑強屹立於阿拉伯世界的猶太國家的敬佩已消失殆盡。落腳在台拉維夫市中心的平價旅店，身份是長住客優惠，一個月竟也要 2500 美金。旅店和台拉維夫大學簽有合約，拿以色列政府贊助來進修的學生多蝸居於此。瞄了一眼學生名單，非洲與第三世界居多，也有的來自中國大陸。其中，學醫、學農耕灌溉的居多；卻沒半個台灣學生。而發生恐怖自殺炸彈攻擊的帝森果夫中心（Dizengoff Center），就在隔鄰。

　　向櫃檯後的金髮女孩抱怨房間冷氣只有噪音沒有調溫功能：「可以換一間房間嗎？」女孩皺著眉，稍稍抬了眼皮，千分之一秒的停留，聳聳肩，沒說什麼，看不出是同意與否，我的問句就消失在空氣中了。

　　握著地圖，決定出去探探。拿不定主意該不該坐公車。地圖沒有比例尺，看不出遠近。李奧‧沃莫（Leo Wolmer），一位蜚聲國際的兒童創傷與復原專家，講學著述不輟，是我在此進修的導師。早上與他通過電話，約我下午在雅康公園（Yarkon Park）見面。初冬的晴日下午，沿著雅康河步行，約莫 45 分鐘，趕到會面處。正是安息日前一天，園內萬頭鑽動，遊人如織。李奧不難找，一臉大鬍子，一雙白布鞋快步穿過人群而來。兩眼炯炯有神，伸出友善的大手，先拍拍肩，再捉住我的手猛力握幾下。「路上好嗎？介紹老婆兒子給你認識。」我馬上向他抱怨海關的被迫害妄想症與以色列航空的種族歧視，他同聲譴責，並邁著大步在前帶路。我半跑半走的跟上，一轉眼到了出海口，視野頓時開闊起來。整個城市西岸臨地中海的風光一覽無遺。向南一側遍布著露天咖啡與餐廳，座無虛席，北側人少一些。沿著防波堤，三三兩兩散落著一些長條看臺，供人休憩。不遠處坐著一位婦人，背光，及肩長髮在海風吹拂下稍顯散亂。身旁一個約莫 8 歲左右的男孩子，繞

著她，又跑又跳。李奧快步過去，附耳跟婦人說了些話。她轉過身來，滿臉笑意：「我是蘿拉。」舒緩溫柔的聲音。「很美吧……海邊。」沒多說什麼，她示意我坐下欣賞海景。正是日落前一刻鐘左右的光景。海面上波光瀲灩。幾個玩風帆的小夥子，矯健的身形被夕陽照成了剪影。彷彿預先知道我這一路上的委曲，李奧和蘿拉，用最美的景致，撫平了我內在的怨懟。這是我第一次見到蘿拉，沒多交談什麼。一個清朗的初冬午後，讓我對台拉維夫重新又喜歡了起來。

再次見到蘿拉已經是翌年二月返台前不久。沃莫夫婦作東，蘿拉掌廚，邀請我和同班的美國籍年輕帥哥班傑明一起去他們家晚餐。市郊的漂亮社區，戶戶獨門獨院的二樓洋房。一派包浩斯式的白牆與簡潔線條。進得屋來，映入眼簾的是一樓正中約一坪大小的枯山水庭園。「這是蘿拉設計的禪園（Zen Garden）。」李奧眨了眨眼，蘿拉完全不以為意，放下廚房正在忙的活兒，以她一貫徐緩溫柔的聲音招呼我們，並一一說明屋中格局裝置的用意。蘿拉認真地告訴我，她雖然沒有真正鑽研過中國風水，但是從有限的書籍中接觸到的一些概念，讓她見識到古中國所流傳下來人與環境和諧共存的智慧。她舉例屋子正中銜接客餐廳臥室與樓梯處的枯山水，照風水之說是門路匯沖之處。而「禪園」裡奇石的設置不惟化解了沖煞，更是讓人靜思沉澱的一方淨土。隨著她信手介紹屋內的一花一草，一磚一石，我不得不嘆服她的慧心巧思與不凡的品味。

席間，她從容的穿梭廚房與餐廳間，端出一道道佳餚，並適時加入話題。她與李奧不時提及台灣相關的話題，讓話量相對少的我（相較於杜克出身滔滔不絕的高材生班傑明）不至受到冷落。

回來三年多了，和沃莫夫婦一直保有聯絡。前年蘿拉的新書在以色列一炮而紅，媒體訪問不斷，知名全國。去年得知李奧有了新頭銜：蘿拉·沃莫的老公。李奧數次在演講中遭聽眾提問：「請問你是蘿拉·沃莫的老公嗎？」李奧夫以妻貴，喜不自勝，沒嗅到半點醋意。李奧專精創傷與災後復建，蘿拉則擅長協助過動分心的孩子。兩人看似各擅勝場，其實精神與信念上都是以促進孩子的復原力與強化內在資源為主軸，夫唱婦隨，反之亦然。這恐怕也是蘿拉此書甫一出版就引起小讀者與家長老師們廣大共鳴的原因。

欣見此書在台出版，謹誌與蘿拉·沃莫一家的一些因緣憶往。

桃園療養院兒童精神科主治醫師
宋成賢

審訂序

認識過動，駕馭自己

　　很多時候，作為兒童青少年精神科醫師總有一種無奈，人們把上課無法專心、坐不住的孩子帶來診間，只想問醫師孩子有沒有病，而倔強的孩子卻嘟著嘴，抵死也不願承認自己有問題……。這時候，醫療似乎淪為粗糙的審判，而不再是我所認識的美好知識，在他們身心頹壞的時刻，帶來生活的指引。

　　如果孩子在生活中確實遇到了困難，那問題就不是有沒有病的判斷，或是孩子乖不乖的看法，而是站在孩子的角度，教導孩子該如何面對，協助孩子認識問題，瞭解相關的知識，乃至於學習到具體的解決方式。注意力不足過動症（Attention Deficit Hyperactivity Disorder，簡稱為過動症，或 ADHD）其實是很普遍的疾病，根據調查，約佔孩童 5-7%。在孩童時期，注意力是學習及生活很重要的一環；因此，注意力所引起的問題及衝擊，是相當值得和孩子細膩談論的。曾經有治療師生動貼切地把身體比喻為汽車，大腦為引擎，也就是說，若人們能夠更掌握引擎的性能，車子就更能輕鬆上路。因此，幫助孩子瞭解及覺察自己的身心狀況，孩子才有能力學習駕馭自己，從而規劃自己的生活。

　　以這樣的觀點來看，《我的過動症》是一本很適合孩童學習認識過動症的書，不僅具備衛教的功能，又有故事的趣味性。旅居以色列的蘿拉・沃莫（Laura Wolmer），兼具教師和臨床心理師的身分，利用故事的方式和孩子談知識，引人入勝；更難得的是，她在書中一再流露對維護過動症孩童自尊不遺餘力的精神，實令人感佩。

　　而書中一些專有名詞，譯者部分延用自行政院國家科學委員會的統一字詞，其中 ADHD 的譯名，我們捨特殊教育法的「注意力缺陷過動症」名稱，而使用「注意力不足過動症」，主要的著眼點是「不足」似乎比「缺陷」更容易讓孩子明白，且更容易向孩子說明注意力只是此一時，彼一時的現象。

身為家長的您，從現在開始，與其陷入不斷追問孩子為什麼注意力無法集中，迫使他們不斷找理由、學會各種藉口，最後卻又惹您生氣的循環中，倒不如與孩子來一趟過動症的知識探險，一起把心思用在幫助孩子瞭解自己，一同面對及設想如何解決注意力的問題吧！

行政院衛生署桃園療養院兒童青少年精神科主任
陳質采
民國 100 年夏

前言：給父母的話

「我覺得好無聊，就在教室裡到處走動。老師一再提醒我坐下來，要不就把我趕出教室。我老是打擾別人，講個不停，好管閒事。」我問七歲的小金為什麼有這些行為，她毫不遲疑地說：「因為我是壞女孩，連班上同學也知道我很壞。」

小金並不孤單。很多（也許是「太多」）有注意力不足過動症（簡稱「過動症」）的兒童難以理解自己的行為，也不知道該怎麼解釋。他們有很多困惑：我很聰明，為什麼成績這麼差？老師為什麼總愛挑我的毛病？為什麼我老是丟三忘四？為什麼我有時心平氣和，有時卻會傷害我最在乎的人？日常生活中，這些困惑的孩子也常遭受不當的責難和批評。他們很可能和小金一樣，對自己產生負面觀感，覺得自己很笨、很壞。也有些孩子為了避開挫折和痛苦，變得什麼也不在乎。

根據多年治療過動兒及其家庭的經驗，我們學到，與過動兒討論此症不但明智，而且也很值得。過動症是他們的部分天性，決定了他們終生獨特的理解力、思考方式、感覺和行為模式，雖然其症狀表現可能隨時間而異。我們必須幫助過動兒瞭解到，他們發生的許多狀況是大腦導致，而非性格所致。他們需要明白，不論自己怎麼努力，有時在課堂上還是會分心而跟不上進度。有時候，他們控制不了自己的情緒和肢體，可能無意間傷到別人。最重要的是，他們需要知道，就算做錯事，他們依然是值得別人接納與關愛的好孩子。

該是把孩子變為過動症專家的時候了！我相信，一旦過動兒瞭解自己、熟知自己，對自己感到自在，他們將更心平氣和、更滿意自己，也更能準備好向世人解釋自己是怎樣的人。別人也會因而接納他們、鼓勵他們，必要時助他們一臂之力。這樣的孩子終能把自己的過動症特性導入正軌，不但個人生活有所成就，也將會是對社會有所貢獻的成員。

父母既是子女一生中最重要的人，就應視過動症為正當的狀態，讓孩子無須隱瞞或為此感到羞愧。家中應該自然而然且經常談論此症，也讓兄弟姊妹能依他們的年齡和理解的程度參與。這樣的談論有助於過動兒接納此症為與生俱來的一部分。

　　那麼，為什麼大多數父母還是難以啟口和孩子談論過動症呢？主要的障礙不是缺乏知識或技巧，而是父母對於提醒孩子注意這令人飽受折磨的致命傷感到羞愧和痛苦，因此，本能反應就是掩蓋，把這類討論拖延到以後更適當的時機。但我請求你，就算很難和孩子談論過動症，也千萬不要逃避這項重要的任務。父母在家所做的這份了不起的工作，沒有任何形式的治療可以取代。

　　本書是根據最新的過動症知識，以及大量治療過動兒家庭的經驗而寫成。身為臨床心理師，我關注的焦點在過動症的情感和功能層面，而非藥物治療；後者只能由評估發展的小兒科醫師、兒童神經科醫師和兒童精神科醫師開處方。

　　本書的主要目的是用簡單、溫暖而幽默的方式，介紹你的孩子和全家人認識過動症的世界。本書的書寫源自我對過動兒極大的敬意，表達了我的關愛和衷心的讚賞。從這些令人驚嘆的孩子身上，我看到他們必須隨著成長克服許多難關，還得忍受痛苦和苦難，直到找到安然自處的方式。我敬佩他們，也時常受到他們的勇氣和內在資源所啟發。

　　你和你的孩子即將展開一段旅程，一同遊覽過動症的世界。和其他旅程一樣，旅途中難免有高潮有低潮。請記得你的孩子和我們所有人一樣，寧願談成功，也不願談困難。請保持敏感，試著找出何時該與孩子談，何時該順其自然就好。要有耐心，給孩子足夠的時間聆聽、理解並吸收新的資訊。請務必常說好話、給個擁抱、甚至送小獎品，來支持孩子的努力。若孩子的閱讀速度或正向行為的改變程度不符你的期望，試著不要流露內心的沮喪。

　　那我們還等什麼呢？出發囉！

　　祝福你和你的孩子。願你們閱讀愉快，獲益良多。

蘿拉

目次

第一章

從搗蛋的深山女巫
身上學到的功課

 給父母的提示

曾唸故事書給小孩聽的人，都知道閱讀對孩子的思想和行為有多大的影響。我們都深深記得兒時聽過的睡前童話。你或許早已忘光地理課所教的內容，但一定能把小時候聽過的童話和寓言故事講給孩子聽。好祖母都懂得說故事的藝術。二十世紀初，這項藝術發展成為一種治療方式，名為「讀書治療法」（bibliotherapy，又稱「閱讀治療法」），宗旨是增進自我覺察，激發個人成長。的確，自我閱讀或由人導讀往往有助於預防，甚至解決情緒和社交問題。

讀書治療法相當適合兒童，因為此療法能使兒童間接以創意的方式面對困擾，並用自己的方法克服困境。因此，我選用一則虛構的寓言引導你的孩子來到過動症的世界，故事敘述很久以前發生在一個遙遠地方的事，原是為了過動兒而寫，但也推薦家中其他成員、老師、甚至孩子的朋友來閱讀。

有過動症的兒童很容易認同故事中的英雄，這些人物的行為、感受、困難和挑戰，或多或少會讓他們想起自己。然而，由於故事背景和過動兒的真實世界相差甚遠，這使得他們能保留旁觀者的角色觀察，而不會傷害到自我形象或感覺到威脅。因此，他們更能敞開心胸聆聽故事。你的孩子將可透過這則幽默的寓言，從有趣的角度看待過動症。這則故事鼓勵你的孩子運用幽默感，特別是自我幽默，作為應付生命困境的方法。讓孩子決定要和你一起閱讀，還是自行閱讀。無論是哪種決定，想要從內文及相關課程獲益最多，最好的方式就是和孩子討論。透過討論，閱讀將成為提供療育經驗的讀書治療歷程（請參閱第 39 頁使用說明）。

最後，請記得這則故事的寓意亦包含了社會的重要訊息，挑戰我們檢視自己如何與周遭的個人或群體相處，教導我們心懷偏見所付出的代價有多大。故事敘述兩個大相逕庭的王國如何「發現」彼此，並以雙方都獲益的合作關係，取代長年的競爭。希望這則故事能促使我們的社會成為一個公正的社會，免於汙名化，接納並尊重有過動症的兒童和成人，甚至所有人，無論他們是誰或他們是什麼。

誰來叫醒潔溜溜國的警察？

從前從前，在好遠好遠的地方，越過重重高山峻嶺，有兩個王國，一個叫潔溜溜國，另一個叫亂糟糟國。兩國彼此相鄰，中間隔著一道好高的圍牆。

[17]

潔溜溜國非常乾淨，井然有序。事實上，潔溜溜國的人非常有禮貌，甚至睡夢中也說「請」、「謝謝」！潔溜溜國的街道纖塵不染，就連餅乾掉到地上，撿起來吃之前也不用拍掉灰塵。孩子都開開心心地寫功課，也很喜歡幫忙家事。馬車夫駕馬車時，都非常非常小心，四百年來連一次交通事故也沒有！潔溜溜國的人民非常刻苦耐勞，他們栽種的水果和蔬菜品質超優，大小適中、色澤鮮豔、口感無與倫比，年年在區域農產品展銷會上得第一。潔溜溜國的警察部隊總是協助指揮交通，確保王國整齊清潔。人人都喜歡穿著藍色制服的警察，他們的制服總是洗燙得又乾淨又筆挺。

潔溜溜國的座右銘是：
「三思而後行。」

其實，他們做任何事之前，如果沒有考慮個二十遍以上，就絕對不會做。從未有人在別人講話時插嘴，小孩在課堂上，只有百分百肯定自己知道正確答案時，才舉手發言。潔溜溜國的人凡事都事先規劃。他們甚至春假一結束，就開始設計萬聖夜的服裝[1]。當然，等到萬聖夜終於到來，早已做好的服裝既不讓人驚喜，也不令人興奮。

---

1 譯註：「萬聖夜」（Halloween）係指萬聖節前夕（十月三十一日晚上），而真正的萬聖節應為十一月一日，英文叫做 Hallowmas 或 All Saints' Day。由於萬聖節那天，諸聖將降臨世間，所以在前一天晚上，一些懼怕聖靈的惡鬼才會一湧而出，到處竄逃。也因此才會衍生出在萬聖節前夕，小孩子要裝扮成怪物到處去敲門討糖果的習俗。

潔溜溜國的人民從不冒險，他們花了很多時間計畫，當然很少犯錯。然而，正因為他們對每件事都想太多，往往錯過了很多樂趣。如果冬天下雪了，孩子絕不會馬上跑出去玩。他們不會衝出去堆雪人或滑雪橇，他們反而想：「這麼做，說不定會生病，媽媽會生氣，也許我們應該再等一等。」等到終於敢出門的時候，雪早就融化了，人行道上只留下滿是泥濘的小水坑，好可惜喔！

　　這就是潔溜溜國的概況：一切都乾乾淨淨、整整齊齊、平靜而安定。不過，這兒的生活實在有點枯燥乏味。既沒什麼人開玩笑，也沒什麼好笑的事。至於驚喜，嗯，潔溜溜國從來沒有驚喜，因為凡事都先經過周詳的計畫。其實，偷偷告訴你，潔溜溜國的人還真的有點兒令人討厭呢！但他們卻深信自己是世界上最優秀、最成功的人，還老是以此自誇。這真的讓鄰國的人很生氣，尤其是亂糟糟國的人民！

亂糟糟國和潔溜溜國迥然不同。亂糟糟國的人民時時刻刻都在講話。話語從他們口中不斷湧出來，就像一長串貨運列車的車廂，沒完沒了。有時候，亂糟糟國的人會提高聲調，打斷對方的話。雖然他們不是有意如此，最後卻往往鬧得不歡而散。亂糟糟國的孩子從不寫功課，也不幫忙家事，就算大人要求了一百遍也無動於衷。他們把所有時間花在戶外，四處尋找新的冒險。每當爸爸媽媽被搞得筋疲力盡，威脅要處罰他們時，他們想都不想就說：「那對我有什麼好處呢？」

　　亂糟糟國的馬車夫總是在路上橫衝直撞，從不掃視前方、後方，就連旁邊也不瞧一下。翻車的時候（這種事還滿常發生的），馬車看起來就像四腳朝天的甲蟲。唯一的差別是，不是甲蟲的腳在那兒踢啊踢，而是馬車的輪子在轉啊

轉。亂糟糟國沒有警察部隊來維持整齊清潔。路上髒亂不堪，人行道上丟滿糖果紙和果皮。在亂糟糟國，人人習慣把事情拖到最後一分鐘。你想他們什麼時候準備萬聖夜的服裝？當然是前一天晚上！在那個不眠之夜，大家急得團團轉，有如熱鍋上的螞蟻；媽媽們則忙著縫縫補補到天亮。但是，等到太陽公公露臉時，拿到全新服裝的孩子，都興奮得不得了。

　　亂糟糟國的人民向來隨心所欲，自由自在。他們唱歌、跳舞、說笑，從不考慮時機，也不擔心別人怎麼想，他們只顧盡情享受人生。亂糟糟國的人從不擔憂明天，他們滿腦子只想著今天怎麼玩才開心。

亂糟糟國的座右銘是：「活在當下！」

這句話就張貼在全國布告欄的顯著位置。

至於驚喜……那可多的咧！在亂糟糟國，你永遠不知道明天、下個鐘頭、甚至接下來的五分鐘之內會發生什麼事。這就是亂糟糟國的概況：樂趣無窮，不怎麼整齊乾淨，一刻也不無聊！

只有一件事擾亂了亂糟糟國發自內心的喜樂：鄰國！潔溜溜國總是明亮整潔，潔溜溜國的人民做什麼都很成功，還老是自吹自擂！在他們心目中，亂糟糟國的人只不過是一群又吵又髒的野蠻人。潔溜溜國的人民不斷嘲笑亂糟糟國的人民，到處造謠說他們的壞話。多年來，亂糟糟國的人民總是默默承受這惡劣、貶抑的對待。直到有一天，潔溜溜國的人開始在農產品展銷會上，捏造惡毒的押韻詩嘲笑亂糟糟國的水果：

你們的甜瓜，酸得像醃黃瓜

你們的無花果，臭得像癩皮狗

你們的李子，長得像苦瓜臉

你們的杏果，全是一堆爛水果

「哈哈哈哈……」說完，潔溜溜國的人哄堂大笑，其他鄰國的參展人也都跟著呵呵大笑。

亂糟糟國的人簡直氣炸了，他們再也受不了，認為該是終止這事的時候了。他們知道只有某位人士幫得了他們……

清晨，一群亂糟糟國的熱血青年步行穿越森林，他們走啊走，直到抵達一間破敗的小木屋。「叩！叩！叩！」他們敲了敲門，門往後輕輕旋開，鉸鏈發出咿軋聲，令人毛骨悚然。一個小伙子現身迎接他們。「我是巴布，」他說，「跟我來。」這群年輕人小心翼翼地跟在巴布後面走，沿途拍掉黏黏的蜘蛛網，躍過老鼠，揮開盲目亂飛的蝙蝠。忽然，他們看到世上最醜的人就站在面前，全都大驚失色。這人衣衫襤褸，頭髮雜亂如稻草，指甲又長又髒，正是傳說中的女巫史拉琵娜。她攪拌著一個冒泡的巨大鍋子。

　　史拉琵娜一張開嘴巴，他們看到了僅存的幾顆爛牙。

　　「幹麼那樣看我？」她說。「我昨天才整理過頭髮和眉毛呢！！請進，請進。要不要嘗嘗我的新魔法水？」

　　「哦！那個……改天再說吧！」他們回答時，心裡想著自己現在可不想變成青蛙。

　　「唔……那麼，是啥風把各位大人吹到搖搖欲墜的寒舍啊？」

「是那個潔溜溜國啦！他們真的好愛炫耀自己！我們就是無法忍受他們永遠那麼完美，還常常當著我們的面自誇，就好像他們老是對著我們唱『你們是傻瓜笨蛋！啦啦啦啦……』」

「沒錯！他們也令我神經緊張。光是提到他們，就讓我寒毛直豎！看吧，我的新髮型幾乎毀了！」

「他們總是那麼傑出……有時候真讓人嫉妒……」

「嫉妒？那群不知變通的呆子？你們真以為潔溜溜國的人比我們優秀？才不是這樣呢！他們只不過是擁有強大的警察部隊，確保一切按部就班進行！」

「真的嗎？我們以前從沒想過！」

「當然是如此。潔溜溜國的警察不但負責保障王國整齊清潔，甚至負責確保人民善待彼此。相信我，如果他們的警察莫名其妙停止工作，潔溜溜國鐵定和亂糟糟國沒什麼兩樣。」

其中一位亂糟糟國的人問：「妳認為這種事有可能發生嗎？」

「那就要看我史拉琵娜如何大顯身手囉！難不成你以為我只有一張漂亮臉蛋嗎？等著瞧吧！」

[24]

又是新的一天，天剛破曉。在潔溜溜國，盡職的警察一如往常來到警察局。他們互相微笑問安，一起喝咖啡。嗯，今天的咖啡喝起來和平常不太一樣，有點兒苦澀。之後，他們準備要開始日常工作時，發生了很奇怪的事情。一個警察開始打呵欠，然後另一個，接著又一個，直到整個警察局呵欠聲連連。警察的眼皮變得好沉重，慢慢地，他

們一個接一個睡著了。有的警察睡在沙發，有的睡在椅子上，有的甚至站著打瞌睡。除了一些此起彼落的鼾聲和說夢話的嘟噥聲，整個警察局靜悄悄的。電話「鈴……鈴……」響不停，卻無人接聽。居民擔心發生了什麼事，陸續前來察看到底怎麼回事。結果發現所有的警察像冬眠的熊在酣睡，大家都很訝異。

嚇呆了的潔溜溜國人民聚集在皇家廣場，紛紛尖聲大叫：「現在誰來保護我們？！」「大難臨頭了！」

國王穿著金色披風走到王宮的陽台上，向全國發表談話。「親愛的潔溜溜國同胞們！相信你們都知道，我國的警察不知何故都睡著了。但是，不必驚慌！我們正在盡一切努力叫醒他們。再說，不論有沒有警察，我們潔溜溜國都會繼續堅守整齊清潔、彬彬有禮的一貫作風。本王呼籲全體國人冷靜下來，並建議大家回去繼續各自的日常工作。」

剛開始的時候，潔溜溜國的確一如往常。大人去工作，小孩上學，小小孩上幼稚園，每個人無論在家或在外都安分守己。然而，好景不常。隨著日子一天天過去，警察還是沒有醒來，連醒來撒尿都沒有，奇怪的事情開始發生了。

有一天，在遊樂場玩耍的小朋友，聽到賣冰淇淋馬車熟悉的鈴聲。他們衝向馬車，大聲歡呼、尖叫、彼此推擠，就像一群無法無天的小流氓。年長的孩子大吼大叫，年幼的孩子又哭又鬧。賣冰淇淋的小販簡直不敢相信自己的眼睛，潔溜溜國的孩子已經忘了如何排隊，更別說耐心等待。他們完全忘記規矩了。

又過了一兩天，潔溜溜國的時鐘全部神祕停擺，造成大人上班遲到、孩子上學也遲到。工友困惑不已，搞不清楚何時該敲鐘。有時他敲了一整天的鐘，整個上課天變成快樂的下課時間；其他時候，他完全忘了敲鐘，導致學生上課太久，坐得屁股痛死了。由於時鐘停擺，沒人知道學校何時放學，結果學生想放學就自己起身離校。然後，彷彿這一切還不夠糟糕，潔溜溜國的人民也變得很健忘。媽媽忘了食物在爐灶上煮，結果端上桌的菜又乾又焦；有人困在家中出不了門，因為記不得鑰匙擺在哪兒；很多人漫步在街頭尋找馬車，因為忘了車停哪裡；甚至老師無法在課堂上閱讀，因為找不到眼鏡！

那麼，孩子們的狀況如何呢？唉！他們改變最大，不再幫忙家事，也不寫功課。爸爸媽媽完完全全變成了討厭鬼，不斷吩咐孩子該做些什麼。當然，孩子根本沒在聽，不是繼續玩，就是在外遊蕩到很晚才回家。如果有人試圖指正他們，他們就說：

「那對我有什麼好處？」

　　很快，事情變得不可收拾，誰也不記得要維持整齊清潔，大家隨地丟垃圾，街上堆滿了廢棄物。甚至還有人踩了一百二十三塊口香糖渣之後，黏在地上動彈不得，就像人行道上的雕像！坦白說，潔溜溜國已經變成一大團混亂，人人煩躁不安，怒氣沖天。他們無法控制自己，他們咒罵別人，甚至彼此推來推去，互相毆打。潔溜溜國的一切，漸漸變得難以忍受。

　　在這期間，史拉琵娜和亂糟糟國的青年就坐在隔開兩國的圍牆上，看潔溜溜國的好戲，大夥兒邊看邊互相擊掌歡呼。「你看！看那個凌亂的王國，看看那些髒東西！還有那裡，發生了什麼事？有人在互毆呢！喔唷！天哪！那可不好呀！現在，看你們還有什麼可誇的！看你們還敢不敢辱罵嘲笑我們！哈！哈！哈！」

　　潔溜溜國的國王非常擔心，他把智囊團叫來召開緊急會議。智囊團共有三位成員：其中一位長得高高的，蓄著山羊鬍，鬍鬚長及肚臍；另一位長得胖胖的，戴著一副眼鏡；第三位矮不隆咚的，看起來無足輕重。

「絕不能任由這種情況繼續下去！自從警察睡著以後，我國已經變得和亂糟糟國沒什麼兩樣了！」國王說著說著，氣得滿臉通紅。「你們必須想辦法叫醒他們！」

智囊團想了又想，想到頭暈眼花！

長得高高的智者撫弄自己的長鬍子，率先提出建議：「我們可以用水來解決這個問題。」

「是啊，沖個冷水澡，任誰都會清醒過來！」

消防警報器的鳴聲響徹雲霄，把潔溜溜國的居民引到窗前。二十五輛紅色消防馬車正在前往警察局的路上。滅火的哨聲一響，所有的消防員開始對著警察局噴水，就好像它著火了一樣。消防員花了一整個小時又噴水又灑水，直到積水在地面上形成巨大的水坑。潔溜溜國的小孩和大人紛紛跳進水坑潑水玩樂，人人興高采烈，根本沒有人在乎該去上班或上學。其間，警察雖然全身都溼透了，卻依舊呼呼大睡。又高又壯的消防員把熟睡中的警察拖到戶外，讓他們曬乾，像鱷魚躺在陽光下一樣。

這期間，亂糟糟國的人待在牆上觀看潔溜溜國溼答答的景象。「何不也對我們噴些水？我們這兒熱死了！」另一位亂糟糟國的人說，「瞧他們在水坑裡潑水的模樣，看來他們終於學會如何享受快樂時光。他們一天比一天像我們了！史拉琵娜說得對，沒了警察，潔溜溜國和亂糟糟國沒什麼兩樣。」

隨著時間過去，潔溜溜國的人越來越不快樂，也漸漸失去信心。他們意識到，沒有了警察，潔溜溜國永遠無法恢復原來的樣貌。美麗的街道、寧靜、有條不紊、彬彬有禮……一切都永遠消失無蹤了。

潔溜溜國的國王再度找來智囊團召開會議。

「時間一點一滴過去，我國的警察還是沒有醒來。噴水根本沒用。我擔心整件事來自威力強大的咒語！」

「看起來像是亂糟糟國那個女巫——史拉琵娜的巫術！」

「我們鄰國既粗野又沒規矩……這件事很可能是他們搞的鬼。他們向來羨慕我們功成名就。而我們又老愛炫耀自己，還嘲笑他們又髒又亂，吹噓我們和他們比較起來有多

好多好！」

「現在，看看我們自己！國家一片混亂，我們卻無計可施。我們得去見見那個女巫，而且動作要快！！」

「你瘋了嗎？去那裡太危險了！」

「像這樣一直坐視不管更危險。」

當天，潔溜溜國的三名智者就來到亂糟糟國的大門。

「站住！你們是什麼人？幹麼到這兒來？」在大門口站崗的守衛問道。

「我們來自鄰國，是潔溜溜國的智者。我們是來……」

「來嘲笑我們是吧？還是來炫耀自己？免了吧！奉勸你們還是轉身，回去你們那明亮整潔的王國。」守衛說。

「喔！不！不！你們不明白。我們現在麻煩可大咧！整個潔溜溜國雜亂不堪。拜託，我們必須馬上和貴國女巫史拉琵娜談一談！！」

智者的請求又謙卑又真誠，感動了守衛，因而打開大門，帶他們穿越森林到女巫的小木屋。

「尊貴的紳士們！」史拉琵娜迎接他們。「歡迎歡迎。小的一直在等著各位呢！各位或許已經知道，我就是那個女巫史拉琵娜，這位是我的助手巴布。喔！對了，他以前是蜥蜴。小巴，請你拿飲料給我們遠道從潔溜溜國來的貴客。」

「今天想喝點什麼？」史拉琵娜問他們。「一杯愛情，還是一杯智慧？或許你們真正想要的，是整齊和清潔吧？」話一說完，女巫突然迸出雷鳴般的笑聲，讓三位智者驚訝得目瞪口呆。

「可敬的史拉琵娜女士，我們潔溜溜國遭遇極大的災難。所有的警察都……」

「是啊，當然，我很清楚貴國的現況。還真是令人頭痛，不是嗎？」

「妳可以幫助我們嗎？」

「是我讓貴國的警察沉睡，也只有我能叫醒他們。但在我行動之前，說說看你們要用什麼交換？」

「妳要什麼都可以，金銀珠寶、美容按摩、臉部護理……」

突然，遠處傳來奇怪的聲音。

　　「是從森林傳來的，」史拉琵娜說。

　　「我聽到小孩子的哭聲。說不定他們遇到麻煩了。」其中一名守衛擔心地說。大夥兒全衝到門邊，你推我、我推你，個個使勁把別人推開，好讓自己第一個衝出去。史拉琵娜就站在那裡，她的臉又紅又腫，一名亂糟糟國人的手肘頂著她的肋骨，而潔溜溜國智者的鬍鬚則貼著她的額頭。

　　「夠了！我的髮型快毀了！」女巫抓狂尖叫。不知怎的，她捻捻手指發出啪嗒咯嚓聲，瞬間就把所有人送到森林中央。大夥兒開始在松樹林間搜尋。走著走著，孩子的尖叫聲和哭聲越來越大了。於是他們往上看，看到兩個小孩坐在一棵高大的樹頂，樹下圍著一群盤旋的黑狼。「救命！救命！」小孩哭叫著。

　　亂糟糟國的守衛毫不猶豫就往那棵樹跑。「你們瘋了不成？！」潔溜溜國的智者問道。「快回來！你們這是直接把自己送進狼口！！」守衛不理會智者的忠告，繼續往前跑。他們知道自己一定得幫助那些孩子，而且一刻也不能耽擱！「唉！我們亂糟糟國的人就是這樣，勇於冒險，不畏艱難！」史拉琵娜嘆口氣說道。「我們亂糟糟國的人只要看到有人落難，都很樂意幫助對方，才不會問東問西。我們甚至願意為人冒生命危險……」

　　勇敢而機智的守衛想辦法避開狼群，爬到樹上。他們在樹頂找到兩個年幼的孩子，一個男孩、一個女孩。他們全身髒兮兮，衣服都破了。「謝謝你們來救我們，」男孩說。「我們獨自在這兒真的很害怕。我們在樹林中迷了路，繞了兩天還是回不了家。」

「有我們陪伴，現在沒什麼好怕的了。」守衛說。他們拿水給孩子喝，又從口袋拿出餅乾來給他們吃。兩個孩子興奮極了，因為他們實在是又餓又渴。

樹枝因為加了守衛的重量而不堪負荷，開始嘎吱嘎吱響。「樹枝快斷了，這裡不宜久留，我們就要摔下去了。」其中一名守衛說。而樹下的狼群完全沒有往後退的跡象。狼群不斷晃動那棵樹，用銳利的爪子抓樹幹，發出可怕的狼嗥聲。

史拉琵娜和智者從遠處看著這幅恐怖的景象。

「我們得幫幫他們，」女巫尖叫。

「可是我們得先想想該怎麼做，」潔溜溜國的智者齊聲回答。

「如果你們需要想一想，那就快點想；否則我們還沒行動，狼群就先抓住他們了！」

蓄山羊鬍的智者閉上眼睛，開始說話。「的確，狼群嚇壞了我們的朋友。但什麼才是狼群真正想要的？牠們不只是為了攻擊而攻擊，牠們餓了。如果我們快找一堆食物給牠們，牠們就不會騷擾我們的朋友。」

「他這是在幹麼？自言自語嗎？」史拉琵娜一臉驚訝地問。

戴眼鏡的智者連忙解釋：「他只是把心裡想的說出來。在潔溜溜國，我們都是這樣解決問題的。我們會先擬好計畫，再行動。這就是為什麼我們的座右銘是『三思而後行』。」

智者繼續說：「只要有一些美味多汁的羊，就可以解決問題！」

「上哪兒找羊？我們現在可是在森林裡啊！」史拉琵娜說。

這時，史拉琵娜的年輕助手巴布大聲喊著：「我睡不著的時候，就會想像羊跳過柵

欄，然後開始數。有時我數到一百隻、甚至兩百隻羊……」

「啊哈！」史拉琵娜發出招牌的烏鴉般嘎叫聲，接著往空中縱身一跳，正好降落在巴布身邊，把站在那裡的巴布嚇得動也不動。「我只希望她不要把我變回蜥蜴，」巴布默默祈禱。

史拉琵娜從一只燒瓶搖出閃閃發亮的粉末，撒在目瞪口呆的巴布身上。轉眼間，巴布已經躺在床上，穿著睡衣，蓋著色彩繽紛的棉被，手裡還抱著一隻玩具熊。

每個人都睜大眼睛，說不出話來，不敢相信眼前所見……

這時，女巫命令她的年輕助手：「開始數羊，數好多好多羊，你敢睡著就給我試試看。」

巴布閉上眼睛，皺起眉頭，盡一切努力想像羊群。他深深吸了一口氣，開始數：「一隻羊、兩隻羊、三隻羊……」

史拉琵娜也閉上眼睛，跟著他一起數：「四隻羊、五隻羊、六隻羊……」

他們每數一隻羊，就出現一隻捲毛、肥胖、活生生的羊。漸漸地，形成一大群羊。這時，史拉琵娜大喊：「就是現在！」羊群開始往狼的方向跑，邊跑邊大聲「咩！咩！」叫，遠遠看來，好像一團白色棉花堆出來的雲。

狼群立刻用最快的速度追羊。可是，這些羊跳巴布的柵欄已經好多年了，每一隻都很壯，速度也好快。羊群飛奔過森林，就像一道白箭射向綠色的海，後面跟著一群飢餓的狼，舌頭垂在嘴邊，窮追不捨。

亂糟糟國的守衛和那兩個孩子終於鬆了一口氣。「親愛的小朋友！現在沒有危險了。」守衛說。他們把小孩抱起來放在肩上，小心翼翼地把孩子安全送到樹下。史拉琵娜和潔溜溜國的智者衝向他們，大家高興得互相擁抱、雀躍不已，就像久別重逢的老朋友。

「謝謝你們救了我們，」亂糟糟國的守衛對潔溜溜國的智者說。

「沒什麼啦。我們只是把心裡想的說出來，並借用史拉琵娜神奇的魔力。」

「話雖如此，你們能想出這個計畫，值得讚揚，幹得好！」

「說真的，你們毫不遲疑就衝去救孩子，這樣的勇氣讓我們好感動！我們才不敢做這種事！」智者說。

「是啊！」小朋友說。「你們來到我們身邊的那一刻，我們就知道一切都會沒事。你們讓我們冷靜下來，還保護我們不受可怕的狼群傷害。」

「現在你們明白了吧！」史拉琵娜說。「這就是我所謂的合作。亂糟糟國和潔溜溜國兩國的人各自都有很了不起的品德。的確，你們是完全不同的國家。但想想看，當你們彼此合作而不是互相敵對的時候，可以完成多麼偉大的事！」

「沒錯，我們過去真的很蠢。」大家異口同聲說。「各王國都自以為是，一味認定別國是錯的。我們甚至從未試著互相認識、彼此瞭解。我們需要互相學習。」

「那我的羊怎麼樣了？」巴布問。「我的羊會發生什麼事？如果狼把羊吃掉了，我以後要靠什麼入睡？」

「你說的對，」史拉琵娜說，「但不需要擔心。」就在飢餓的狼群追上羊群，用銳利的牙齒啃進羊柔軟的肉之際，史拉琵娜捻了捻手指。轉眼間，羊全部消失了。可憐的狼群只在原地發現一盤狗餅乾。「抱歉喔！夥伴們，也許下次再請你們。」女巫說。

隔天早上，史拉琵娜解除她對潔溜溜國警察的魔咒，於是潔溜溜國的一切恢復正常：時鐘又開始滴答滴答響，街道重現整齊清潔，人人恢復平靜，寬厚地對待彼此，居民都高興的不得了。潔溜溜國的智者決定把最有才幹的警察送到鄰國，協助亂糟糟國的人民建立自己的警察局。

尾聲

　　在好遠好遠，越過重重高山峻嶺的地方，日夜傳來了鐵鎚敲擊的聲音。亂糟糟國和潔溜溜國的人民正在拆除隔開兩國的圍牆。自從英勇的亂糟糟國王子和美麗的潔溜溜國公主宣布訂婚之後，這道圍牆已經變得毫無意義。在王子和公主的婚禮上，大家放煙火祝賀這對皇室夫婦。

　　高貴優雅的王子和公主在王宮的陽台上，向歡呼的群眾揮手示意，兩人的披風在微風中飄揚。「我們特此宣布創建協力國，這新的王國將接納並尊重所有人民！」

經過一段時間，王子和公主終於成為協力國的國王和王后。國王教王后走向大自然，享受遠足的樂趣，以及騎在馬背上而不感到害怕。王后教國王預先準備講稿，而不是等到最後一分鐘。王后還教國王準時到達任何地方的祕訣。他們有兩個超棒的孩子，一個女孩和一個男孩。「我們的女兒真像我，」王后得意洋洋地說，「房間永遠乾乾淨淨，看起來像藥局。」國王答說：「可是她騎馬跨欄的時候，比較像爹地，不是嗎？」國王繼續誇耀：「我和咱們的兒子去森林打獵的時候，他像真正的亂糟糟國人一樣好勇敢。」王后接著回答：「別忘了他總是及時備妥所有的裝備，這可不是從您那兒學來的喔……」

國王和王后很快就明白，他們的孩子既不是潔溜溜國人，也不是亂糟糟國人，而是新類型的兒童，綜合了一點潔溜溜國和一點亂糟糟國的特質。總而言之，他們是協力國的人。

其實，出生在協力國的每位孩子，都很特別，而且獨一無二。每位孩子都擁有亂糟糟國和潔溜溜國的特質，只是程度不同，也不可能事先預測；但這些孩子使整個王國充滿了快樂和樂趣。至於警察怎麼樣了？這個嘛，警察仍繼續盡忠職守，只不過他們現在穿的制服舒適多了，上面有著彩虹的各種顏色，而不再是過去那種筆挺、鈕扣縫得牢牢的藍色制服了。

故事結束

父母課題

　　如何與孩子談論這則寓言呢？你可以從幾個層次討論：

1. 你可以把焦點放在故事中的主角，使用誘導性的提問與孩子討論他們的想法、感受和應對方式。例如：亂糟糟國的人被大家嘲笑時，有什麼感覺？史拉琵娜為什麼對潔溜溜國的警察下魔咒？潔溜溜國和亂糟糟國兩國的人民在故事最後學到了什麼？

2. 你可以藉由下列一些問句，談到和故事人物相像的其他孩子（非指你自己的孩子）：班上有哪些小朋友比較像亂糟糟國的人，哪些較像潔溜溜國的人？像亂糟糟國人的小朋友，在學校會不會比較難熬？想到大人提醒他／她留意故事中的人物，你的孩子或許會很高興。

3. 你可以直接把孩子的世界和經驗，與故事中發生的事結合起來。例如，你可以問孩子：「你認為自己比較像亂糟糟國的人，還是潔溜溜國的人？你會覺得別人都在嘲笑你嗎？那讓你有什麼感覺？你也覺得有些小孩會炫耀自己的成就嗎？他們的行為會激怒你或讓你感到挫折嗎？」

　　務必在放鬆、接納的氣氛中談論故事。如此，你的孩子才會願意傾聽並直言不諱。從第一個層次開始談，因為和孩子最沒有切身關係，所以也最不具威脅性。唯有在孩子正面回應的情況下，才進到下一個層次。如果孩子只想談故事本身，或聲稱「從來沒有這樣的事發生在我身上」，就順其自然吧！你可以確定的是，有過動症的兒童會明白故事的寓意，就算此刻他們覺得很難談論自己。

 親子課題

關於《誰來叫醒潔溜溜國的警察？》
寓言的共同活動建議
（請備妥筆記本或便條紙）

1. 針對故事畫一幅畫。
2. 協力國新聞台派一名記者採訪女巫史拉琶娜。你能想像那次訪談中發生了什麼事嗎？把訪談過程寫下來或表演出來。

3. 寫下潔溜溜國和亂糟糟國人民的一些謎語和笑話，或是兩國之間召開的會議內容。例如：亂糟糟國的人會想要什麼生日禮物？有「遙控器」的鑰匙！潔溜溜國的人會想要什麼生日禮物？一個「驚喜派對」，因為潔溜溜國的人會事先計畫每件事，所以從來沒有驚喜！
4. 潔溜溜國的座右銘是「三思而後行。」亂糟糟國的座右銘是「活在當下！」那麼，什麼是適合協力國的座右銘？寫下幾個建議。

第二章

認識過動兒的世界

給父母的提示

相信你已享受了和孩子一起閱讀故事的快樂時光。現在你也準備好接受下一項重要的任務了：對孩子說明過動症是什麼，以及此症如何影響他／她的生活。

接下來的章節中，睡著的警察將繼續扮演重要的角色。我設想出「大腦中睡著的警察」這一概念，試圖找出簡易明瞭的方式，來向兒童和父母解釋過動症。此圖像其實是腦部前額葉擬人化的說法，有過動症的兒童和成人，這區域的腦功能較不活躍。

我喜歡運用「睡著的警察」這圖像，有幾個原因。首先，這種說法很親切，也滿吸引人。我治療的患者不分老少，都已經把它當口號來用；而在我服務的過動症診所，其他治療師及患者也會採用。其次，此圖像提供過動症一個積極正面的定義（「你體內的警察有時候睡著了」），而不是負面的看法（「你在課堂上無法集中精神、專心聽講」），因而有助於維護兒童的自尊。第三，與過動症相關的議題形形色色且往往令人費解，此圖像可作為絕佳的教導手法，為這些議題提供簡單的解釋。例如，

為什麼過動兒看電視或玩電腦遊戲的時候，就沒有注意力無法集中的困擾？答案是，影片或動畫的聲效、色彩和有趣快速的變化，喚醒了孩子體內睡著的警察，繼而幫助孩子集中注意力。同樣的道理，過動兒對於特別喜歡或全新的活動較能專注，因為這些活動喚醒了他們的大腦，進而提升了注意力。這麼說來，當體內的警察打起瞌睡來，孩子會發生什麼變化？這個嘛，他們的行為舉止往往像亂糟糟國的人（或是警察睡著後的潔溜溜國人）。他們難以持續在不感興趣的工作上，因此不會趕緊寫功課或幫忙做家事。他們不愛整潔，沒有條理，有可能丟三忘四。他們的時間感不佳，只活在此時此刻，不會考慮到行動的後果。他們很難專心或排隊等候，有時甚至無法控制自己的行為或感受。不過，他們的確也擁有亂糟糟國人的優點：自動自發、無拘無束。他們充分活出生命中的每一刻，而不去思索可能發生什麼事或別人怎麼說他們。他們敢冒險、富創造力、出人意料而且有趣。最重要的是，他們樂於助人，待人寬厚仁慈。

最後但並非最不重要的一點是，此圖像提供我們樂觀的信息，引領我們付諸行動。你的孩子並非天生缺乏「體內的警察」。你絕對沒有理由感到沮喪或無助。過動兒是帶著睡著的警察來到世上，而這睡著的警察只是需要被喚醒，就像口渴的人渴望喝水一樣。過動兒瘋狂的行為、白日夢、多話，甚至偶爾激怒別人的習慣，其實是他們正在努力喚醒自己的大腦，克服不時出現的無聊感。我們有責任教導過動兒用更正向的方式喚醒體內睡著的警察，這樣他們才能充分發揮智力、情感及社會的潛力。

在本章節中，我將運用你的孩子對亂糟糟國人和潔溜溜國人的瞭解，來教導他們認識過動症的世界。我們會提供簡明但詳盡的過動症資訊，他們將認識到過動兒特殊的大腦和獨特的特徵。把過動症的種種特徵視為與生俱來的特性──就像眼球的顏色，有助於你的孩子視此症為天生的，而非體內什麼神祕邪惡的東西。透過瞭解每位過動兒都是獨一無二的人，你的孩子也會覺得自己很特別。你們可以共同檢視一般人對過動症的誤解，並發現大家錯得有多離譜。揭露並粉碎過動症的相關惡名，能賦予孩子內在的力量，使他們用更健康的方式對付這些汙名。本章採用輕鬆愉快的文體，延續寓言故事中呈現的感覺與氣氛。這將激勵你的孩子採取自我幽默作為一種有效的應對方法。為了鼓勵年幼的讀者並提升他們的自我形象，我盡了最大的努力強調過動症正向與優勢的一面。我在網路上找到一大串過動症名人的名單，能讓孩童的心深受激勵，因為這使他們對成功快樂的未來懷抱希望。盼望本書傳遞給過動兒的溫暖與接納，能使年幼的讀者接納自己、愛自己原來的樣子。

真實世界中也有潔溜溜國人和亂糟糟國人嗎？

生活餐廳

菜 單

1. 潔溜溜國加亂糟糟國淡味綜合餐
2. 重潔溜溜國香料口味加少許亂糟糟國成分的特別拼盤
3. 辛辣的亂糟糟國口味加少許潔溜溜國成分的風味餐

本餐廳另備有豐富多變的美味佳餚，請洽服務生。

在我們生活的世界裡，並沒有真正的亂糟糟國人或潔溜溜國人。事實上，就像在協力國一樣，我們都有點像潔溜溜國人，也有點像亂糟糟國人。最大的問題是：兩者之中，我們比較像誰？

為了更瞭解這點，讓我們把所有人想成「生活餐廳」裡的一道道招牌菜。我們出生時，餐廳主廚會決定每個人身上要放進多少潔溜溜國成分和亂糟糟國成分，以及要加些怎樣的調味料（淡味、濃烈、非常辣、辛辣……）。主廚就是這樣設計含有各式各樣菜餚的百變菜單。

讓我們來瞧一瞧……

潔溜溜國加亂糟糟國淡味綜合餐：這類型的人在行動前會先預想結果，但也懂得享受生活。他們檢視每種情勢，以便決定最佳的行為

模式。例如，他們在課堂上靜靜坐著聽講，但去親水公園玩的時候會開心大叫，也可能驚嚇尖叫。

重潔溜溜國香料口味加少許亂糟糟國成分的特別拼盤：這類型的人很愛整潔、很有條理，做什麼事都預先規劃。多虧了他們，這個世界才更平靜、更安定，因為一切都在預料中。任何想在一生中有所作為的人，至少要有一位這類型的朋友！

辛辣的亂糟糟國口味加少許潔溜溜國成分的風味餐：這類型的人非常悠閒自在，大多隨心所欲，不會想太多。雖然有時候他們的行為舉止好像體內的警察睡著了，但他們真的是好人。多虧了他們，這個世界才更多采多姿、更有趣。任何想要享受生活樂趣的人，至少要有一位這類型的朋友！

在「生活餐廳」的百變菜單上，最引人注意的一道菜就是「辛辣的亂糟糟國口味加少許潔溜溜國成分的風味餐」。有很多書描寫這類型的人，像是林格倫的《長襪子皮皮》和馬克吐溫的《湯姆歷險記》。也有許多電影和電視影集以這類型的人為主角，例如：「淘氣阿丹」和「加菲貓」。

即使是醫學研究人員，也對這些特殊人士感到好奇而想要更瞭解他們。為了展開研究，他們賦予這組特徵一個科學名稱：注意力不足過動症，簡稱「過動症」。科學家一旦明白並不是有過動症的人都如出一轍，就把他們分成三種類型：太空見習生型（space cadets）[2]、跑車引擎型（turbo-charged engines）以及加了跑車引擎的太空見習生型（turbo-powered space cadets）。

「太空見習生型」包括難以專注、容易分心的兒童和成人，也就是總是神遊太虛的人。其中的例子是，有個男孩數學很好，考試成績卻很

2 譯註：「太空見習生」（space cadet）為英文俚語，用來形容一個人心不在焉、健忘、常做白日夢、脫離現實，好像太空見習生受訓漂浮在太空中，什麼都不做，只看著美麗的星星。

低，因為他常把加號和減號搞混了。另一個例子是，有個女孩老是會弄丟在學校要用的鉛筆和橡皮擦。還有的人，每當你試著和他說話時，他的心思似乎總在別處。科學家為這類型的人命名為：「注意力不足過動症，不專注型」。

「跑車引擎型」包括非常好動又衝動的人，換句話說，就是凡事不經思考就行動的人。這類型的小孩在課堂上老是玩手、抖腳或在椅子上跳動。這類人很難排隊等候，或為了重要時刻安靜坐著。有時候他們會喋喋不休，沒聽完整個問題就迸出答案，或是打斷朋友的談話。科學家為這類型的人命名為：「注意力不足過動症，過動衝動型」，有時候簡稱「過動型」。

「加了跑車引擎的太空見習生型」不但很難專注，也很難安靜地坐著。他們是上述兩種類型特徵的綜合體。科學家為這類型的人命名為：「注意力不足過動症，綜合型」。

　　如果你正在閱讀本書，你很可能屬於這三種類型之一。有一件事很重要，就是切記你並不孤單！即使是你居住的社區，也有很多兒童和成人有注意力不足過動症。每一百名兒童當中，至少八名有某種程度的注意力障礙。每班約有兩名學童有這個問題。另外，此症在男孩比在女孩更常見，男女比例為四比一！或許還有更多女孩有注意力的障礙，但通常沒被發現，因為她們傾向於安靜地「做白日夢」，而不干擾人。

對過動症的十大誤解

雖然注意力不足過動症早已眾所周知,但我們周遭的人卻仍未真正瞭解此症,甚至有非常錯誤的看法。這使得過動兒常常受到不當且不公平的對待。讓我們來檢視對過動症最常見的誤解⋯⋯並且現在就導正這些概念!!!

1. 過動兒的家教不好

過動兒表面看起來和其他同齡的孩子沒兩樣。因此,他們分心、無法控制自己,或老是動來動去的時候,旁人會認為他們沒家教。這不是真的!即使在最講究禮儀、家教甚好的家庭,還是會出現過動兒。此症並不是因為過動兒在家裡沒有得到適當的管教,而是他們的大腦運作方式就是不同。過動兒的腦部前額葉,也就是體內警察的所在處,較不活躍,差不多像是在打盹兒。這就是為什麼過動兒的行為有時需要停止時,卻像沒有煞車可踩。

2. 不應告訴孩子患有過動症

這是無稽之談!很多父母不想讓孩子知道患有過動症的事實。他們怕孩子會以為自己病了或身體虛弱而傷心難過。其他父母擔心孩子會利用此症作為懶惰的藉口。有些父母騙孩子(或至少試圖這麼做)說治療注意力不足的藥物是維他命。我相信所有孩子都有權利知道自己體內或大腦發生了什麼事。這種認知會使他們更強健,而不是更虛弱!過動兒需要瞭解自己體內出了什麼狀況,他們需要學會對周遭的人解釋這件事。這麼做將使他們得到更多支持和合理的對待。

3. 不應讓人知道孩子有過動症

有些父母不想讓人知道自己的孩子患有注意力不足症。他們擔心如果老師、其他家庭成員或朋友得知此事,會認為這孩子不正常。真是大錯特錯!!正因為你隱瞞真相,別人才會認為你的孩子很怪、很壞或純粹在發洩。他們可能批評、懲罰、甚至排斥孩子,只因為不瞭解。父母必須解釋孩子的狀況,別人才能瞭解這孩子而給予適切的對待。父母若把過動症當作祕密,會讓孩子覺得自己一定哪裡不對勁。

4. 注意力不足的孩子是生病或心理不正常

絕不是那回事!有注意力障礙孩子的思考、感受和行為表現,與他們的朋友有點不同。然

而，「不同」並不等於「心理不正常」。這些孩子不像其他可能有心臟病或胃病的小孩一樣，得了什麼「注意力疾病」。注意力不足的孩子只是大腦的運作方式不同罷了。

5. 過動兒不如其他孩子聰明

沒這回事！過動兒很聰明，有些甚至出類拔萃！但由於在課堂上或考試時無法專心，導致他們有時考試分數較低。有些過動兒有學習困難，例如：在閱讀或數學方面。其他小孩有時會把這點當作是愚蠢的跡象，但他們錯了！只要給予適當的幫助和輔導，過動兒、甚至有學習困難的兒童都能進步，向眾人證明自己是多麼才華洋溢！

6. 過動兒很懶惰

當然不是如此！過動兒對某件事感興趣的時候，他們的大腦就會醒來。比較無趣的事，像是做功課或繁瑣的家事，很難叫醒他們的大腦。再怎麼努力嘗試，也難以喚醒大腦執行無聊的苦差事。我們必須切記，沒有注意力障礙的孩子情況不見得比較好，也不一定比有注意力障礙的孩子來得勤奮。只不過一般孩子腦中的警察清醒得多，有助於完成這些無聊的差事。

7. 過動兒故意搗蛋、激怒別人

過動兒有時會惹惱其他小孩。他們講個不停，干擾同伴上課時專心聽講，出手碰人，惹人生氣；一遍又一遍要求同樣的事情，讓旁人頭痛不已。但這種種行為都不是故意的！過動兒真的很喜歡同伴，也希望別人喜歡他們。他們當然不想破壞別人的東西，或以任何方式傷害他人。只是過動兒的障礙，有時讓他們的行動像是少了煞車，沒法停下來。

8. 沒必要治療過動兒，長大就好了

事實並非如此！大部分過動兒並沒有長大就自然痊癒，此症往往終生跟隨他們。當然，他們當中大多數在青少年時期確實變得比較不好動，然而只有三分之一的人在長大成人後完全擺脫此症。今日有許多專業人士，包括醫生、心理治療師和職能治療師，都知道如何治療並幫助過動兒。童年時期的治療極為重要，可以幫助過動兒在學校表現得更好、改善情緒、順利結交朋友，還可以使他們發展成為健康的成年人。

9. 有注意力障礙的孩子永遠不會變，也不會有任何成就

簡直是謬論！的確，有注意力障礙的孩子有時表現像更小的孩子。那是因為他們發展比較慢。但在適當的幫助下，他們最終還是會迎頭趕上，甚至超越同齡兒童。當過動兒在自己真正在意的領域努力時，他們獨特的創意、膽量、自發性，以及對所愛之事鍥而不捨的精神，往往會幫助他們成功。

其實，一般認為世上很多知名人士曾患有（或現在仍有）注意力不足過動症。其中包括作曲家莫札特、貝多芬和史提夫汪達；發明家，如：發明電燈的愛迪生、發明飛機的萊特兄弟和發明電話的貝爾[3]；科學家，如：伽利略和愛因斯坦；作家，如：安徒生收集並寫下《國王的新衣》和《人魚公主》等著名的童話故事，以及寫《愛麗絲夢遊仙境》的作者卡羅；政府領導人和總統，如：邱吉爾、甘迺迪和柯林頓；藝術家，如：達文西、畢卡索和達利；傑出運動家，如：魔術強森、麥可喬丹和奧林匹克金牌泳將菲爾普斯；演員，如：琥碧戈柏、金凱瑞、威爾史密斯和湯姆克魯斯，尤其湯姆克魯斯還有學習困難和閱讀障礙。也許將來有一天，你的名字也會出現在這樣的名單上喔……

10. 必須把過動兒變成「正常」兒童才行

這種說法簡直不可思議！有很多人仍對過動兒一知半解。這些人因為過動兒的不同而緊張焦躁，甚至想把過動兒變為「正常」孩子，但這是錯誤的想法。我們並不需要改造過動兒，我們只要幫助他們以他們特有的方式發展就行了。前文提到，過動兒的大腦運作方式與常人不同；其實，左撇子的大腦運作也不太一樣。你或許覺得難以置信，但直到幾十年前，世人也認為用左手寫字很不正常。老師和父母把這些不幸孩子的左手反綁，試圖矯正這種「可怕的」症狀。期望再過不久，世人都能明白，嘗試「矯正」過動兒就像努力把左撇子變成右撇子一樣愚蠢！

[51]

---

3 譯註：貝爾擁有電話的發明專利，但是有人也指出，從義大利移民到美國的安東尼奧·梅烏奇（Antonio Meucci）才是電話的發明者。美國國會 2002 年 6 月 15 日 269 號決議確認安東尼奧·梅烏奇為電話發明人。

好，現在你知道一般人對過動症的十大誤解了。如果其中有任何一項偶然出現在你的想法中或是聽別人提起，你會知道如何回應。這將是你成為過動症專家的第一步。到目前為止，只有成人能成為這方面的專家。許多探討此症的書籍也都是為成人而寫。成人可以在網路上搜尋資料，加入支持團體，請教醫生、心理治療師和社工人員。麻煩的是，大多數兒童並不瞭解過動症，也不知道此症和他們的生活有什麼相干。即使精通過動症的父母，也覺得很難和子女談論此話題，因此很多（也許是「太多」）過動兒並沒有真正瞭解自己的狀況。他們搞不清楚別人為什麼生他們的氣，也無法理解自己明明很聰明，學業成績卻不佳。他們感到困惑，莫名其妙對自己有不好的想法：「我永遠長不大！」「我很笨！」「我是壞孩子！」他們感到沮喪、悲傷、憤怒。在最需要支持的地方，他們反而感到孤單。我在過動症診所中，見過很多這樣的孩子。他們透過圖畫和故事，教我明白他們的世界。這些孩子使我百感交集，啟發我寫一本書，來幫助他們以及有同樣處境的孩子成為過動症專家。

為了讓本書更容易閱讀，接下來我要使用「過動症患者」這個名稱，來指稱有注意力不足過動症的成人和兒童。

現在，請跟著我，我要告訴你有關過動症患者大腦和身體的一些祕密。

過動症患者的大腦和身體

你照鏡子的時候，看到了什麼？一個完全正常的小孩！沒錯。過動兒看起來和其他孩子沒什麼兩樣。有人長得高，有人長得矮；有人瘦巴巴，有人胖嘟嘟；有人眼球顏色深，有人眼球顏色淺；有人天生鬈髮，有人的髮絲呈麥穗狀，還有人一頭紅髮加滿臉雀斑。外觀上，過動症患者並沒有顯得比較特別。但在體內肉眼看不見的地方，過動症患者的大腦運作方式

卻有點不同，這使得他們的思考、感受和行為表現，與其他同齡的小孩不同。過動兒只對自己感興趣的事特別專注，他們很容易感到無聊，未經思考就行動或說話，而且坐不住！外人看過動兒，也是看到一個完全正常的孩子。這也是為什麼父母、老師和同伴會期望過動兒的行為像其他同齡兒童。而過動兒的確也很努力，

因為他們想和別人和睦相處，希望別人喜歡他們。只是他們無法時時做好自我管理，每當事與願違的時候，別人很容易認為他們懶惰、調皮搗蛋或對任何事毫不在乎。但事實絕非如此！！！

在本章節中，我們將認識過動症患者身體和大腦的祕密。對你來說，這是一個很好的機會，因為你終於可以瞭解許多發生在你身上的事。讀完本章節，你就可以告訴你的家人、朋友和老師你讀到了什麼。這將幫助他們更瞭解你，對你更友善，也更尊重你。

大腦中的警察

我們的大腦分成幾個區域，分別負責不同的活動，像是情緒、痛覺、視覺、記憶或者聽

覺。我們體內的警察就住在前腦，也就是額頭的正後方。這位好警察希望我們的生活更有條理、更輕鬆，也更快樂。讓我們來認識認識這位體內警察負責的各項工作。

1. 大腦中的警察為我們踩煞車

我們體內的警察幫助我們控制行為、感受和欲望。他也提醒我們凡事做好計畫，言行舉止要恰如其分：不過度沉默，也不大聲嚷嚷。他會對我們說悄悄話，像是：「人人有獎，要耐心等待，遲早會輪到你。」或是「上課時要安靜坐好，再過十分鐘就下課了。」

2. 大腦中的警察負責保持我們大腦靈活有序

他會清除或篩選在特定時刻不重要的事，只留下重要的部分。例如，一名男孩在上課時，體內的警察會讓他對教室牆上的圖畫和其他孩子的閒談視而不見、聽而不聞。他會將男孩的注意力導向黑板上的習題，幫助他集中精神、持續專心。體內的警察也幫助他保持靈活、有條理。

3. 大腦中的警察鼓勵我們自我對話、聆聽他人

當我們自言自語時，我們能夠等待輪到自己發言。我們可以控制自己，把問題解決得更好。（還記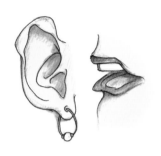得潔溜溜國的智者如何大聲說出心中所想來解決問題嗎？）我們體內的警察會幫助我們聆聽朋友把話說完，而不會中途打斷他們的談話。他也提醒我們注意聽大人的指示。

4. 大腦中的警察提供我們報時服務

他給予我們時間感，必要時催促我們。多虧有他，我們才知道如何安排時間，甚至設法準時到任何地方，包括學校。

5. 大腦中的警察是我們的先知

他預先告訴我們，做了什麼事會發生什麼情況。例如：他告訴我們，上床前先把明天上學的東西準備好，隔天早上就可以多睡幾分

鐘。還有，在媽媽講電話的時候亂吵，會惹她生氣。體內的警察在我們做某件事時，預先告訴我們可能發生的狀況，我們就能決定什麼事值得做，什麼事不值得一試。

6. 大腦中的警察使我們知道自己表現得好不好

　　當我們做了正確的事，他會稱讚我們，有時甚至給我們額外的好處。通常會這樣說：「哇！你花二十分鐘就把房間打掃乾淨。你最棒了！」或是「你很用功準備這次考試。現在你可以和朋友去逛逛購物中心了。」但當我們做錯事的時候，體內的警察會說類似這樣的話：「你足球練習遲到了。下次得把時間安排妥當些。」藉此讓我們感到歉疚，而希望未來能表現好一點。

過動症患者的大腦非常特別

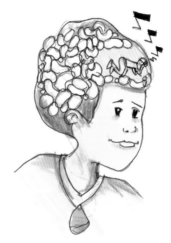

　　研究人員發現，過動兒的前腦和一般同齡小孩相比，較不活躍。他們腦中的警察睡著了，和潔溜溜國的情況一模一樣！我們從寓言故事中已經知道，當警察睡著，沒有做該做的工作時，事情會開始變得非常混亂。過動症患者的注意力會非常不集中。他們丟三忘四、遲到、無法控制自己的身體或情緒。有時候他們會扭來扭去動不停，很難安靜坐著，而且未經思考就行動。過動症患者有時會做出危險的事，或無意中咒罵別人！這是因為他們大腦中的警察睡著了，根本沒在工作崗位上幫助他們安分守己。

如果你是過動症患者，你認為自己那與眾不同的大腦從何而來？來自某個非常遙遠的國度？還是外太空？當然都不是！大多數過動兒的特殊大腦來自家庭，就像他們的髮質和眼球顏色，是來自於所謂的「遺傳」。探究你爸媽年少時求學的情形，應該會滿有意思的。他們上課時，常做白日夢嗎？他們會坐不住嗎？他們每次都有做功課嗎？問問爸媽本人或對他們兒時有記憶的人，你會發現一些很有趣的事情！

有時候過動症患者的專注能力，和家族中某位叔伯或祖父母的情況類似。如果你的親手足或表兄弟姊妹有過動症，或是像你一樣有學習困難，那麼你很可能和他們共享了同樣的家族遺傳。你可以和他們談談你覺得吃力的事、與眾不同意味著什麼、對你有益的事等等。家族中的成人過動症患者可以教導你，過去有哪些方法幫助他們依序行事、順利完成學業、適應社會。最後，他們可以傳授你獨創的招數，幫助你喚醒大腦中睡著的警察。

過動症患者最重要的幾項特徵

過動兒在很多方面如：外貌、身高、智能等等，和一般小孩沒有兩樣。但他們也有一些特徵，使他們異於其他同齡的小孩。與眾不同並不等於比較沒有價值。別忘了，醜小鴨也和其他小鴨不同，但長大後，牠可變成美麗的天鵝呢！你獨特的特徵，是你來到世上時收到的禮物。這些禮物可以變成好事，也可以變成壞事，全看你如何運用。為了把你的禮物用於正途，你不但得知道，更需要好好瞭解。

接下來，請跟著我來認識過動症患者的四大特徵：

1. 過度專注或心不在焉

我們身邊大多數人的專注力都在中等程度，不太強也不太差。過動症患者卻很不一樣，他們的注意力具有選擇性。他們對感興趣的東西，像是電視、電腦、猜謎遊戲、書籍或積木玩具，往往全神貫注；但對於不感興趣的事，卻完全無法集中精神。他們並不是故意要這麼做，會這樣，全因大腦的結構天生如此！

過動症患者很難專注於枯燥乏味的工作，例如：在冗長的一節課中保持專心。對他們來說，做功課是極其無聊的苦差事，所以往往拖到最後一分鐘才做。他們很像寓言故事中的亂糟糟國人，非得等到前一天晚上，才準備萬聖夜服裝。

不過，對於感興趣的事，過動症患者卻非常專注。事實上，這時他們的專注力遠勝於大多數同儕。這種能力一般稱為過度專注，這也就是為什麼很難讓過動症患者離開電視、電腦或他們喜愛的活動。過度專注使過動症患者專精在感興趣的領域，幫助他們成為優秀的運動選手，特別是在需要聚精會神的位置上，像是足球守門員。這種專注力可以幫助過動症患者就讀國高中時，在選修或主修的科目表現優異。等到他們長大，終於可以投入自己感興趣的事物時，就會在專業的領域出類拔萃。

2. 跳躍思考

肚子餓了，我們找東西吃。冷的時候，我們找保暖的衣服穿。那麼，當大腦昏昏欲睡時，我們該找什麼呢？答對了！我們需要找法子喚醒大腦。該是讓你知道一個大祕密的時候了：睡著的警察好想要醒過來執行工作，所以當他覺得快睡著了，他會開始在所居住的小孩身上四處尋找。他開始尋找幻想、記憶和想法，有時甚至是身體的感覺，像是飢餓或腳發癢。因為太想要醒過來，使得大腦中的警察不斷檢查周遭發生的事。很多事情吸引他注意：在牆上爬行的小蟲、車子經過的噪音、牆上的畫。麻煩的是，腦中警察遇到的每件事，很快就令他感到無聊，因此他必須不斷跳到下一件事，才不會再度睡著。

從一件事跳到另一件事，使過動症患者無法專注於眼前最重要的事，例如：老師正在說的話，這就是所謂的分心。在課堂上，過動兒很難應付腦中警察帶給他們的所有想法和感受。這種種事物同時跳出來，把他們腦中的一切都弄亂了。過動症患者總是不知道如何收拾這一團亂，也不知道該如何斷定何者重要、何者不重要。這就是為什麼他們很難集中精神，更別說完成手邊的工作了。

大多數人一次只能做一件事。然而，過動症患者卻能同時做幾件事，就好像他們的大腦同時在不同的頻道運作。過動症患者並不只是看到景象的一小部分，他們能同時看到全景，而這點有助於他們在很多領域發揮所長。例如：足球比賽時，過動症患者能夠看見並瞭解球場上發生的每件事，而不只是發生在他們周圍的事。等到他們長大，就有機會成為傑出的經理或優秀的售貨員。過動症患者也有特殊能力可享受大自然和戶外，他們往往能從中找到很多有趣的事物，來叫醒大腦中昏昏欲睡的警察。

3. 未經思考先行動

過動症患者常常未考慮後果就先採取行動。他們就像寓言故事中的亂糟糟國人，連危險也沒想過，就衝向狼群；這就是所謂的衝動。

衝動讓過動症患者陷入很多困境。例如：考試時，他們往往還沒充分理解考題就作答。有時他們說話未經思考，因而在無意中傷了朋友的心。由於過動症患者常不考慮行為的

後果，他們甚至可能讓自己處於危險之中，像是追球追到大街上。

過動症患者和亂糟糟國人一樣，不花太多力氣思考，就知道如何享受每時每刻。他們充滿活力、有趣、率性，而且懂得隨遇而安。還記得潔溜溜國的小孩因為想太多，結果錯失玩雪的機會嗎？嗯，這種事絕不會發生在過動症患者身上。他們勇敢、喜歡冒險，也不在乎危險，這些特徵最適合像滑板和衝浪之類的極限運動了。另外，這些特徵還幫助過動症患者在科學、技術、時尚界及其他專業領域創新與革新。

4. 裝了跑車引擎的小孩

約一半的過動症患者也非常活潑——其實，他們是過動。他們到處亂跑，爬上高處，動來動去，連睡覺也動不停。看到他們的人會想：「哇噢！這個小孩裝了跑車引擎！」有些過動兒是嘴巴過動，這使得他們整天喋喋不休、發出怪聲或製造噪音。研究人員發現，過動兒的活動量其實沒有比一般小孩多，他們只不過在需要安靜坐著的場所靜不下來，像是課堂上、

餐桌上或教堂內。在這些場合,腦中的警察本應告訴他們:「喂!現在你得乖乖坐著。」可是……唉呀呀!警察竟然在打瞌睡呢!

過動會干擾他人,特別是在課堂上會導致同學無法專心聽講。大多數人不明白為什麼過動症患者老是四處走動,因而可能會評論他們,甚至生他們的氣。

過動症患者精力過人。拿戶外教學來說,當所有人都累得氣喘吁吁時,就只有過動症患者繼續向前行。籃球比賽結束時,所有球員都累得暈頭轉向,過動症患者卻還有精力再戰一兩場!過動症患者有用不完的精力,這項天賦不但幫助他們幾乎在所有運動項目闖出名堂,而且在戶外工作,像是園藝、駕駛和推銷業,也有所成就。過動症患者知道如何充分利用每一天,他們總是設法在一天之中從事比別人更多的事。

以上描述是否讓你想到自己?或許其中有些是。就像前文提到的,並不是所有過動症患者都一樣。有些人只具備其中一項特徵,也有人四項特徵皆有。有些過動症患者雖有這些特徵,但只是輕微表現或偶爾出現(猶如輕淡調味),所以不會妨礙到日常生活。其他過動症患者的這些特徵則無所不在(猶如辛辣調味),搞得自己和周遭的人都不得安寧。請記得每位過動症患者都很特別,而且獨一無二!

世界上成功的過動症患者,都懂得將與眾不同之處化為優勢。一旦你更瞭解自己的獨特性,這些特徵就不再妨礙你。你可以運用這些特徵成為你的王牌,而得到成功與幸福。

現在,我們已經認識了過動症患者的四大特徵,讓我們再來看看他們的另一些特點。

過動症患者的另一些特點

1. 過動症患者有天線

　　過動症患者來到世上時，帶著一種能夠感知周遭事物的特殊本領。他們比朋友更能注意到一大堆事情。這就好像他們身上裝了天線，可以同時接收多種訊息，而不只是單一訊息。有些過動症患者對氣味很敏感。他們可以光憑氣味就說出誰在家裡或午餐吃什麼。其他過動症患者則是皮膚非常敏感。就連襯衫的標籤或短襪的接縫都會令他們煩躁不安。有時碰到沙子、走在草地上、弄髒或弄溼，也會讓他們感到不舒服。

　　有些過動症患者能聽見遠處傳來的聲音，或察覺別人完全沒有注意到的微小聲音，像是冷氣機運轉的聲音。另外也有過動症患者的味覺超敏感。他們酷愛某些食物，覺得很難嘗試不同口味的新食物。其他過動症患者則是眼光銳利，能看見別人沒有注意到的很多細節，像是老師戴的新耳環，或是一根掉在地上的針。

　　過度敏感使得過動症患者的行為不同於他們的朋友。有些過動症患者無法忍受嘈雜的場所，有些則遠離某些氣味，或是涼鞋裡有沙子就抱怨不已。其他過動症患者甚至要求媽媽把襯衫的標籤剪掉，或買沒有接縫的短襪給他們。世人往往覺得這類行為很奇特，他們認為這些小孩真的被寵壞了，故意胡鬧或只想引人注意。真是天大的誤會！他們並不瞭解這種種古怪的行為，純粹是過動症患者的過度敏感所致。這種敏感度有好處也有壞處。壞處是，過動症患者總覺得身邊發生很多事情，讓他們應接不暇，而且真的很困擾！好處是，敏感的兒童將能在很多領域如：藝術、音樂和寫作，展現才華。他們可以透過創造性的工作，與人分享他們感知與理解這世界的獨特方式。

2. 過動症患者適應新事物的速度很慢

　　過動症患者特別難以適應改變，大至開始就讀小學一年級之類的大事，小至洗完澡從浴缸出來之類的小事；還有令他們傷心的改變，像是跟喜歡的老師說再見，對他們而言都很困難。怪的是，

即使是令他們開心的改變，如：暑假開始，也不容易。這種種變化一般稱之為「過渡時段」。無論面對什麼變化，我們都必須告別舊事，學習適應新事物。過動症患者比一般人需要更多時間適應新的事物，特別是當改變不是出自他們的選擇。他們並不是故意的，會這樣，全因大腦準備得慢。可是，生命本來就充滿改變和過渡時段，我們不可能逃避這一切！每次改變也帶來新奇和美好的事物。稍後，你將在本書中找到一些有助於適應新情況的點子。

3. 是烏龜還是兔子？

前文提到，過動兒反應快，有時未經思考就衝動行事。但也有相反的例子。有時候，他們需要較多時間來完成事情，像是準備外出或整理自己的房間。在課堂上，他們有時來不及抄寫黑板上的文字，或在鐘響以前完成習題。

同一個小孩怎麼可能跑跑跳跳像兔子一樣快，又動作慢得像烏龜？嗯，這並不是出於選擇。過動兒也想要跟上其他人，但

他們的心思往往四處遊走，以致無法專心跟上，

尤其是面對自己不感興趣的事情。例如，他們做功課做到一半，會起身找東西吃。吃完東西，打算回去繼續做功課時，車子經過傳來的噪音可能擾亂他們的注意力。等他們終於回到房間開始寫作業，小弟進來了，結果他們就沒辦法再專心了。過動兒的大腦就是這樣集中、漫遊，然後再度集中、漫遊。這也就是為什麼過動兒需要較長的時間才能完成事情。當然，做有趣的事會喚醒大腦中睡著的警察，因而加快他們的步調，甚至快到令他們頭暈目眩！

4. 手腳不靈活並不輕鬆愉快！

體內的警察控制並規劃我們的一舉一動，例如：怎樣喝湯才不會弄髒襯衫；如何把球踢進球門，而不是鄰居的窗戶……我們體內的警察其實就是交通警察，一旦睡著了，就會發生意外事件。有時過動症患者打算做一件事，卻出現完全不同的結果！他們很可能撞到電線桿或學校的課桌。這類規劃並執行動作的困難，往往也造成書寫方面的

問題。過動症患者寫字時，可能會覺得手很痠，沒辦法抄完黑板上所有的資料，或字體潦草無法辨識。過動症患者的手腳不靈活，可能讓周遭人覺得好笑，但也可能令人有點惱火，特別是當人們認為他們的行為是故意或不夠努力時。手腳不靈活的孩子會感到羞愧，甚至認為自己很笨。這絕不是真的！手腳不靈活和聰明與否無關。很多聰明人也有心不在焉和手腳不靈活的問題。相信我，「心不在焉的教授」並不是憑空杜撰的。你可以在大學校園和實驗室發現很多這樣的人。他們的桌子總是一團亂，未加留意就撞到人，而且似乎從不記得把早上喝的咖啡放哪兒；最棒的是，說不定他們同一天晚上還因為發現新的太陽系而獲獎呢！！過動症患者可以學習更有條理，並且學會控制自己的行動。在本書後面的章節，你會找到一些這方面的建議。

摘　要

很多人讓我們聯想到本書寓言故事中的亂糟糟國人。根據醫師和其他專業人士的說法，這些人有注意力不足過動症，我們稱他們為過動症患者。這類人為我們的世界增添趣味，讓這世界因他們獨特的特徵而更為多采多姿、精彩刺激、趣味無窮。

1. 世人對過動症有很多錯誤的想法需要更正！

2. 過動症患者的前腦較不活躍。他們腦中的警察睡著了，沒有確實執行他的工作，這就是為什麼過動症患者比較無法控制自己的情緒和行為。

3. 過動症患者分成三種類型：太空見習生型、跑車引擎型，以及加了跑車引擎的太空見習生型。

4. 過動症患者的特殊大腦通常源自家庭，就像他們的髮質和眼球顏色一樣，這就是所謂的「遺傳」。

5. 過動症患者與他們的朋友不同，但不會使他們變得比較沒有價值。

6. 過動症患者天生具有一些獨特的特徵，各有利弊。他們需要學習恰當地運用其中對自己有利的一面。

 親子課題

給全家人的小測驗：對過動症患者知多少？

1. 老師把你從白日夢中叫醒，請你回到現實。你很可能是：
   a. 過動。
   b. 太空見習生型的過動症患者。
   c. 注意力不足過動症，不專注型。
   d. b 和 c 皆是。

2. 小強從小一坐下來就抖腳。爺爺麥克建議把一桶牛奶綁在他腳上，就可以做出自製奶油。小強為什麼會抖腳？
   a. 他想引人注意。
   b. 小強過動，因為他是跑車引擎型的過動症患者。
   c. 他沒禮貌。
   d. 小強是太空見習生型。

3. 瑪麗早上上學都要花很長的時間準備，但輪到爵士課的時間，她一下就準備好了。瑪麗為什麼會這樣？
   a. 只要瑪麗有心迅速做好準備，她就做得到。
   b. 瑪麗做令她興奮的事時，腦中的警察就會醒來，幫助她更容易迅速準備好。
   c. 瑪麗決意讓家人早上抓狂。
   d. 瑪麗缺乏責任感。

4. 小丹的爸媽發現他有過動症，他們要求他不可以告訴任何人。小丹可能會發生什麼事？
   a. 他可能覺得自己哪裡不對勁。
   b. 他會擔心有人發現他的祕密。
   c. 別人會認為他是壞孩子或故意搗蛋，因而處罰或排斥他。
   d. 以上皆是。

5. 過動兒羅蘋準備了數學考試，也熟知所有教材，卻還是考不好。為什麼？
   a. 她不夠努力。
   b. 教室的喧鬧聲分散了她的注意力，使她無法集中精神。
   c. 她弄錯了一些小細節，像是加號和減號。
   d. b 和 c 皆是。

6. 為什麼世人很難理解過動兒？
   a. 因為過動兒看起來和一般小孩沒兩樣。
   b. 因為他們有時候很平順，有時候卻狀況連連。

c. a 和 b 皆是

d. 因為他們捏造自己有困難，但其實只是懶惰罷了。

7. 過動症患者的特殊大腦源自哪裡？

a. 源自哥哥姊姊。

b. 源自家族（父母和其他親屬）遺傳。

c. 源自校長。

d. 並非源自任何人，純粹是過動症患者自己決定不要集中注意力。

8. 過動症患者的天線如何幫助他們？

a. 接收其他國家的電視節目。

b. 在學校集中注意力。

c. 在藝術、音樂和寫作等領域展現才華。

d. 和外星人通話。

9. 過動兒妮可在課堂上講個不停。她到底怎麼了？

a. 她試著克服無聊，叫醒大腦。

b. 她想要干擾朋友上課。

c. 過動症使她控制不了嘴巴。

d. a 和 c 皆是。

10. 下列哪項不是大多數過動症患者的特徵？

a. 專注力不是強得令人驚訝，就是奇差無比。

b. 整潔、有條理。

c. 跳躍思考。

d. 衝動（未經思考先行動）。

11. 羅依的媽媽叫他來吃晚餐，已經不下十次，但他還是繼續看他的電視節目，完全不理會媽媽。羅依為什麼會這樣？

a. 他想要惹媽媽生氣。

b. 他肚子不餓。

c. 他全神貫注看電視，沒注意到媽媽叫他。

d. a 和 b 皆是。

12. 老師逮到蓋兒在上歷史課時畫畫。但老師問問題時，蓋兒知道全部的答案。這怎麼可能？

a. 蓋兒純粹是運氣好而已。

b. 蓋兒是個非常聰明的女孩。

c. 蓋兒是過動兒，所以她可以同時畫畫和聽老師講課。其實，畫畫甚至可能提升她在課堂上的專注力。

d. b 和 c 皆是。

13. 為什麼有那麼多過動症患者喜愛像衝浪、輪式溜冰之類的極限運動？

a. 危險的感覺喚醒了他們的大腦，給他們愉悅感。

b.「過動症患者喜愛極限運動」這種說法與事實不符。

c. 他們試圖摔斷一隻手，這樣就有一個月不必寫

字。

d. 以上皆非。

14. 爸爸放了一鍋滾燙的湯在流理台。提姆用湯匙嘗了一口，結果燙傷舌頭。提姆為什麼這麼做？

a. 提姆笨笨的。

b. 提姆正在進行一項科學實驗，目的是要發現怎樣的溫度會燙傷舌頭。

c. 那鍋湯實在太誘人，加上提姆體內的警察睡著了，讓他無法控制自己。提姆沒有思考行為的

後果，就衝動行事。

d. 提姆老愛找麻煩。

15. 我們體內的警察住在哪裡？

a. 前腦。

b. 後腦。

c. 心臟。

d. 坐在閃爍著藍光的警車裡，四處巡視大腦。

答案請見第 99 頁。

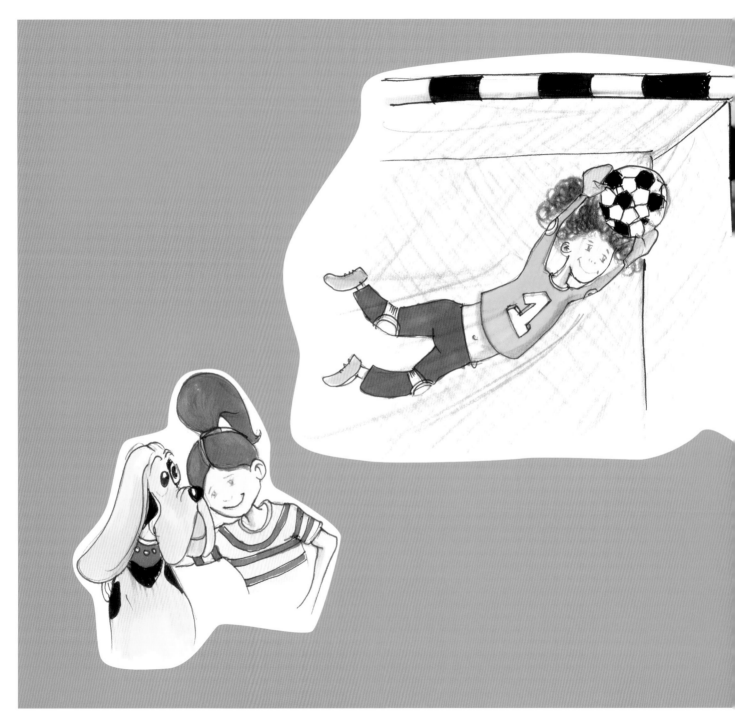

第三章

過動兒的想法
與感受

給父母的提示

在第二章，你和你的孩子認識到過動症患者的身體和大腦如何運作。第三章的方向不是定位在教導與學習，而是分享過動症的情感經驗。本章旨在幫助你稍微領會過動兒的想法和感受。你將發現過動兒如何看待自己、對所處的環境有什麼感受，以及如何理解自己行為和學習上的困難。

為了讓這個題材更有臨場感，我用對白形式撰寫本章，呈現一位心理治療師與兩名兒童的個別談話。雖然這些談話並非真人真事，卻是以這些年來在我的診療所中實際發生的對話為基礎。你的孩子會發現自己很容易認同史恩和黛比，對他們的掙扎感同身受：包括他們必須面對的挑戰，以及他們的挫折、夢想與希望。就像在閱讀本書開頭的寓言故事一樣，你的孩子在本章也能從旁觀的立場來探討，而不會感到任何壓力或難堪。正如前面的章節，這些對話是用來幫助你的孩子瞭解他／她並不孤單，也有很多孩子正在應付同樣的困難和問題。這樣的認知將使你的孩子感到如釋重負與解脫。閱讀這些對話時，過動兒將能從治療師與史恩、黛比的會談

中獲益。這些會談將增加他們的自我覺察，提升自我形象，並逐漸把樂觀灌輸給他們。心理治療師表露出的同理心和鼓勵支持，將使你的孩子明白，這世上有大人能夠瞭解他／她而且樂於幫助他／她。這樣的信息賦予過動兒力量，使他們能向家人、老師、輔導員及其他人尋求幫助，甚至必要時找治療師協助。

我借用凱倫這位心理治療師來說明我如何治療過動症患者。請記得，我個人的風格不一定適合每個人。因此，請從對話中吸取看起來適合你的部分，採用你覺得自在的想法和句子，繼續忠於自己！唯有維持獨特的個人風格，你才能夠說服你的孩子，你很可靠且值得信賴。沒有人比你更瞭解你的孩子。你們多年來發展出來的情感關係，終將幫助你選擇最好的方式來協助孩子熟悉過動症。

前文提到，每位過動兒都很特別，而且獨一無二。每位孩子也透過他／她的圖畫、語言，與治療師發展的特殊關係以及其他無數的方式，為治療帶來獨一無二的特色。我知道我無法在這些對話中描述所有類型的過動症患者，因此我把對話範圍限定在兩種不同類型的過動症。其中一位是男孩，屬於過動衝動型（跑車引擎型）；另一位是女孩，屬於不專注型（太空見習生型），且合併學習障礙。

史恩的談話使我們得以看見，在過動兒瘋狂的

舉動和情緒波動之下，隱藏著一名困惑、偶爾受驚的小男孩，覺得日子很難過，而且渴望得到愛與理解。

黛比的談話提供一個平台給靜默的分心兒童（尤其是女孩子）發聲，使我們得以一探他們的內心世界和他們經歷的事。我想指出的是，「過動」一詞常常出現在公眾言論中，有時還被誤用為注意力不足過動症的同義詞。這種混淆特別不利於安靜的孩子，這些孩子由於注意力越來越不集中，而無法發揮潛能。也因為這樣的孩子不會干擾上課，而且不會出現過動現象，所以往往比過度活潑而引人注目的孩子較晚得到診斷。延誤診斷當然也會導致延誤治療，增加了伴隨此症而來的挫折。

建議你先獨自閱讀本章，然後選擇最適合與孩子一起進行的對話，不要依據孩子的性別來決定，而是取決於你的孩子屬於哪個類型的過動症。如果你不確定是哪一型，看看孩子的醫學評估。如果你看到「不專注型」這些字眼，表示你的孩子是太空見習生型的過動兒，因此，黛比的談話最適合你們閱讀。這段談話也適合有學習障礙的兒童。如果孩子的醫學評估包括「過動衝動型」這幾個字，表示你的孩子是跑車引擎型的過動兒，所以，史恩的談話最適合你們。

經診斷為「綜合型」的孩子，兼具過動衝動和注意力不集中兩種症狀，我同樣推薦史恩的談話。當然，你和孩子可以兩組對話都讀。先讀完第一組對話，再根據孩子的進步和反應，決定是否接著閱讀第二組對話，或是暫時延後，等以後再讀。

你可以運用第 39 頁建議的三個層次，討論這些對話：史恩或黛比怎麼了？與他們處境相同的孩子發生了什麼事？最後，問問你的孩子有什麼遭遇？同樣地，請記得沒有哪一個層次比另一個層次更重要；就算孩子沒有敞開心扉，他／她還是經歷了一段重要的治療經驗。

另一種應用這兩組對話的方法是透過角色扮演，一人扮演心理治療師的角色，另一人扮演小孩的角色。由你來扮演小孩的角色，能幫助你更瞭解孩子的想法和感受；由小孩扮演心理治療師的角色，則讓孩子能暫時拋開平日渺小卑微的身分，享受換他／她來扶助大人的身分。如果你的孩子不想玩角色扮演，那些角色可由兩名成人或另一名手足來代替。即便以旁觀者的立場參與，也能讓孩子因為看到整個家為了幫助他／她都動員起來，而得到寶貴的經驗。

過動症患者如何思考與感受？

為了弄清楚過動症患者的想法與感受，讓我們來聽聽心理治療師凱倫與兩位不同類型的過動兒——史恩和黛比的談話。

凱倫與史恩的對話

凱倫走進辦公室，驚訝地發現一名八歲左右的男孩坐在地毯上，正全神貫注地玩玩具車。凱倫彎下腰來，對男孩說：「嗨！我是凱倫。」

「我是史恩，」男孩頭也沒抬地回答，兩眼沒離開過手上的玩具。

凱倫坐到史恩身邊，發現史恩是個俊美的孩子，有著黑色的鬢髮和專注的眼神。他看起來結實而肌肉發達，穿著運動服。

凱倫：我看你很早就進來我的辦公室。我猜，在外面等候卻沒事可做，一定很無聊……

史恩：真的很無——聊！

凱倫：好了，不需要再等了。現在就開始吧！告訴我，史恩，你知不知道為什麼我們今天要見面？

史恩：妳辦公室外面的招牌寫著妳是兒童心理治療師。我敢說妳一定見過各式各樣的瘋子，今天輪到我了。

凱倫：才不是這樣咧！「心理治療師」這個名稱是由希臘文 psyche（意思是「心」）演變而來。心理治療師研究的是人類的心智。他們檢視人類的感受、想法及行為舉止。兒童心理治療師瞭解兒童的世界。他們設法幫助兒童應付各種困難，好讓兒童覺得好過一點。

史恩：要是爸媽能用不同的方式待我，我會好過很多。

凱倫：這話是什麼意思？

史恩：妳想想看，我有兩個姊妹。姊姊十二歲，妹妹四歲。她們真的煩死我了！

凱倫：所以你排行老二，就像夾心餅乾中間的奶油餡。就是你讓餅乾別有風味喔！

史恩：什麼餡？什麼風味？我是那老是犯錯的小孩。每個人都不斷跟我說：「你過來！」「去那邊！」「你為什麼不那樣做呢？」「同一件事要我說幾遍？」「別再做白日夢了！」家裡每個人都不斷命令我該做什麼，就連我姊和我妹也是！！

凱倫：聽起來好像不是很好。

史恩：猜猜看哪句話我至少聽過一百萬遍！

凱倫：哪一句？

史恩：「快一點！！！！」

凱倫：史恩，有注意力不足過動症的兒童，或是我簡稱的「過動兒」，有時候沒辦法集中注意力，偶爾做事比別人慢。家人並不瞭解他們不是故意這麼做，才會生他們的氣。

史恩：是啊，爸媽也被我搞得很煩。他們說我讓他們抓狂，說我故意破壞東西給他們看⋯⋯

凱倫：史恩，我想有時候你在家真的很難熬。你覺得爸媽好像不喜歡和你在一起，寧願跟你姊姊妹妹在一起。

史恩：哎！爸媽只要見到我姊和我妹都會微笑，而且對她們做的任何蠢事都興奮得不得了。像我妹從幼稚園帶回來的塗鴉，我媽就貼在冰箱上。不知道的人，還以為她是什麼有名的藝術家呢！最糟的是，爸媽還拿我

和她們比較：「你應該學學姊姊瑪麗，好好做功課。」「看你小妹是怎麼吃飯的……她表現得比你好多了。」真叫人生氣！

凱倫：你絕對有理由生氣，史恩。被拿來和別人比較，任誰都會不高興。尤其是對你說，別人比較有才華 ……

史恩：有才華？妳說的好像連我都想要像那兩個討厭鬼一樣！

凱倫：你說的對。你並不想要像他們一樣。你想要做你自己。把自己感興趣的事做好，而且是用自己的方式，這真的很重要。現在就來聽聽你擅長什麼。

史恩：我是超強的足球守門員，沒人比得過我！

凱倫：真的？！

史恩：真的。今年是我加入足球隊的第二年。每當我站在球門區，看著球朝我飛過來，我覺得除了那顆球，這世界其餘的一切全消失不見了。我聽不見任何聲音，也看不見任何東西，除了那顆球。當然我絕不會讓那顆球入門得分！就因為我，我們球隊才經常獲勝！

凱倫：哇，你好厲害！知道嗎？史恩，就是你的過動症讓你成為超強守門員。你獨特的專

注力也來自過動症喔！

史恩：妳到底在說什麼？我知道我有問題，而且對我一點幫助也沒有。

凱倫：你錯了。世人認為注意力不足過動症讓人無法專注，但這是錯誤的想法！你不是不能專心，只是你專心的方式與眾不同。要你做無聊的事，像是家庭作業或家事，你會覺得有困難。但如果是你覺得有趣的事，像是看電視、玩電腦遊戲或足球，你可以比其他同年齡的小孩更全神貫注。你是過度專注，而這有助於你成為偉大的守門員！

史恩：所以，妳的意思是，我那與眾不同的專心方式對我有幫助？

凱倫：是啊，在很多方面都是。

史恩：妳可以告訴我是怎麼回事嗎？

凱倫：好啊！我們已經談過，只要是你覺得有趣的事，你就會過度專注。還有，你可以一次做好 幾件事。而且你充滿活力、精力過人。

史恩：沒錯。大家都說我幹勁十足！還有什麼？

凱倫：還有很多別的長處，你遲早會知道……

史恩：我還是有點搞不懂。如果我沒有糟透了，也沒有生病，爸媽幹麼帶我來看醫生？

凱倫：喔！你爸媽帶你來這裡，並不是因為你得了什麼「注意力的疾病」，好像其他人會鬧頭痛或胃痛一樣。你很健康啦！只是你的大腦運作方式有點不同。

史恩：好，我懂了，我懂了。我不是一個有病的孩子。可是，妳知道嗎？做一個與眾不同的小孩，也沒那麼容易。沒人瞭解我。每個人都認為我故意搞怪，說我是壞男孩。他們根本不知道，有時候我只是沒辦法控制自己，才會做了不該做的事，他們甚至因此懲罰我。

凱倫：我確信你的心腸很好，不會故意做壞事。對你和其他過動兒來說，問題全在於你們的煞車系統有時候不是很靈。

史恩：就好像我的腳踏車煞車壞了。我再怎麼試，也沒辦法把車停下來。

凱倫：正是如此！

史恩：可別以為我一直都這樣。我也有狀況很好的時候。

凱倫：說說看是怎麼個好法……

史恩：不知道該怎麼說……有些日子，我和其他小孩沒什麼兩樣：讀書、專心聽講、安靜玩耍。但有些日子，我好像早上起床後心情就很不好，整天沒一件事順利。最怪的

是，有時同一天，我可以從快樂變成悲傷，從努力用功變成非常懶惰。這真的讓我很困惑。有時我甚至不知道誰才是真正的史恩：是那個會幫媽媽的乖孩子，還是那個不聽話的頑皮鬼？

凱倫：你始終是同一個討人喜愛的史恩呀！只是，有時候你的行為表現是這樣，而有時候是那樣。當你體內的警察清醒時，你不會有注意力不集中和行為方面的問題；但當他昏昏欲睡時，你就有可能失控而做錯事。聽說你喜歡大海，是真的嗎？

史恩：我愛死海洋了。我連衝浪板都有呢！

凱倫：太好了！既然你這麼熟悉大海，我確信你一定注意到大海變化無常。有時風平浪靜，有時狂風暴雨。有時波浪微微起伏，在淺水中行走很有意思；但有時會波濤洶湧，瞬間毀掉你辛苦堆出來的沙堡。而過動兒就像海洋。他們有表現良好的時刻，也有表現不怎麼好的時刻。和大海一樣，過動兒非常難以預測，所以很難知道什麼時候他們會怎樣表現。

史恩：這真的把我搞糊塗了！我真希望每天早上能拿到一份報紙，告訴我當天會有什麼事情發生在我身上。

凱倫：真是個好主意！你很有創意喔！我想你爸媽也會很高興每天早上能收到這樣的報紙。預先知道發生什麼事，會讓我們比較平靜。但在你的報紙出版以前，你也只能確定一件事。

史恩：什麼事？

凱倫：沒有什麼是確定的！

史恩：是啊，我的生活肯定是一場冒險！

凱倫：是的。史恩，我們之前談過海洋。告訴我，當海邊揚起紅旗[4]，你有什麼感覺。

史恩：相信我，如果發生這種事，妳一定想離我遠遠的。當海邊豎起示警紅旗，我會又叫又踢又哭。有時候我弄壞東西或丟得到處都是。我把東西弄得亂七八糟，根本管不住自己。

凱倫：所以，你非常生氣的時候就會失控。

史恩：沒錯。

凱倫：史恩，海面上偶爾會出現龍捲風，夾帶著急速旋轉的強風和巨浪。

史恩：哇！噢！我在新聞上看過！真的很嚇人。

凱倫：龍捲風偶爾也會出現在過動兒身上喔！過動兒的情緒風暴可能起因於芝麻小事，突然爆發，開始大吼大叫，甚至打人或破壞東西。這樣的風暴不但嚇壞過動兒自己，

4 譯註：紅色三角旗：代表「水域關閉，危險！請勿下水。」紅黃旗：上紅下黃，四角旗，代表「救生員守望範圍，得於水域開放時間內，在兩支紅黃旗之間游泳。」黃色三角旗：代表「當心！水域狀況不佳，游泳時須特別注意安全。」綠色三角旗：代表「水域開放，適宜游泳。」

也嚇壞他們身邊的人。

史恩：對啊，有時候我覺得這種風暴也在我內心進行。我大發脾氣，卻又好害怕克制不了自己，擔心會有什麼壞事發生在我或其他人身上。

凱倫：暴風過後，你有什麼感覺？

史恩：我對自己的行為感到很慚愧。我看看四周，看到媽媽很不高興，小妹在哭，說不定我弄壞了什麼重要的東西。我覺得很難過！我好氣自己，因為我傷害了我最愛的人。為什麼這種事常常發生在我身上呢？

凱倫：這全跟你大腦中的警察有關。每個人的大腦中都有一名警察。這位警察的任務之一，就是保持我們的情緒平穩，也就是避免我們情緒起伏不定。當過動兒大腦中的警察睡著了，他們的情緒就有可能失控。他們不只是生氣，而是超級生氣；難過時，他們是超級難過。爆發的情緒使過動兒的反應又快又激烈，即使面對芝麻小事。

史恩：是啊，被捲入暴風中，感覺很糟。

凱倫：那倒是真的。但你要切記，暴風終會過去。即使在海灘，紅旗最終還是會被取下來，換上紅黃旗，告訴你現在又可以安全下水玩了。

史恩：有沒有什麼我可以做的？

凱倫：經驗豐富的水手都知道，暴風雨即將來臨時會有什麼徵兆。你也可以學會記住自己即將遭遇情緒風暴的徵兆。這些徵兆全在你體內，你只要學會留意它們就行了。

史恩：真的嗎？

凱倫：真的。生氣的時候，你的肌肉會繃緊，心跳開始加快。有時候你的手會開始流汗，或者覺得頭暈暈的。

史恩：有時候我覺得頭好像快要爆炸！

凱倫：那是發生在你非常非常生氣的時候，當時你是處於情緒風暴的狀態中。

史恩：那我應該對家人說什麼？

凱倫：當你處於情緒風暴中，你很難說些什麼。但在你可以心平氣和地說話時，你需要告訴家人，當時是因為有情緒風暴襲擊你，而不是你故意的，或只是為了引起他們的注意。這些風暴有可能來來去去，家人不需要為此擔驚受怕。請爸媽在你處於風暴中時讓你獨處，什麼都別做。其實，回你房間直到風暴過去，可能是不錯的主意。你爸媽不該火上澆油，像是吼你或威脅你。這時候不是向你解釋事情的適當時機，因為你很煩躁，搞不清楚狀況。可以的話，

請爸媽緊緊擁抱你，和你一起做幾次深呼吸，幫助你平靜下來。

史恩：還有什麼？

凱倫：你也可以在家裡設一個「生氣的角落」，像是某個讓你可以把紙揉成一團或撕碎的地方，一塊讓你可以在上面亂塗亂畫的板子，一些你可以用力捶打的枕頭，甚至拳擊沙包也可以！你很煩躁的時候，就可以在這個角落宣洩所有的情緒。

史恩：聽起來好好玩。

凱倫：我不確定你很生氣的時候，還會不會覺得好玩。可以肯定的是，只要你把憤怒都發洩在枕頭或拳擊沙包上，就不會傷害你最愛的人。

史恩：告訴我，過動兒爆發的情緒，有沒有好處？

凱倫：當然有啊！對過動兒來說，好處就是他們的正向情緒也比別人強烈。快樂時，他們是超級快樂；興奮時，他們會超級興奮。聽起來有沒有覺得很熟悉？

史恩：真的是這樣耶！就連別人沒有注意到的小事，都會讓我好興奮。

凱倫：舉個例子。

史恩：拿下雨天來說。我姊和我妹看到窗外在下雨，就不敢出門。她們不希望梳好的辮子毀了。但我卻跑到雨中，跳進水坑，感受雨滴落在我臉上和頭髮上。等我回到屋內，我的靴子可能沾滿泥漿，可我覺得好快樂，超級快樂！

凱倫：哇！太棒了！你懂得享受生命中美好的事物。史恩，有人說，過動兒不會錯過任何東西。他們看每件事、聽每件事、對每件事反應，這通常被視為缺點，但實際上也可能是很大的優點喔！容易忽略事情的人，很可能錯失許許多多美好的事物。過動兒就不會，因為他們比別人注意到更多的事，也懂得享受，即使是微不足道的小事。

史恩：因為對我們來說，那些都是大事！

凱倫：答對了！史恩，我知道你有個大家庭，而且你喜歡和家人一起活動。

史恩：沒錯。我的家人喜歡一起做事，像是去野餐和遠足。有時候我和所有親戚都睡在爺爺奶奶家，大家玩得很開心！

凱倫：真好！你有個溫馨又充滿愛的家族。對任何小孩來說，這是很大的禮物，對過動兒更是如此，因為外在世界有時候對他們並不友善。

史恩：我不會拿我家人和世上任何東西交換。

凱倫：我確信你家人也不會拿你和任何男孩交換。

史恩：這我不敢肯定。有時候他們真的快被我氣瘋了……

凱倫：每個家庭都會發生這種事。但憤怒總會消逝，愛卻長存。你要知道爸爸媽媽會永遠陪在你身旁。他們會確保你身心健康、不受傷害，也會盡全力使你快樂。

史恩：那他們什麼時候才會開始瞭解我呢？

凱倫：史恩，現在我已經瞭解你了，我有了新的任務。

史恩：什麼任務？

凱倫：就是把你爸媽變成過動症專家。我會在這裡和他們會面，或是連同其他父母一起會面，好幫助他們認識什麼是過動兒。當他們明白你為什麼有那樣的行為以及你如何感受，他們會開始用更合宜的方式對待你，你家中的整個氣氛也會因此而改變。

史恩：希望妳是對的！說不定到時候，他們在家會放我一馬！嘿，我們什麼時候才要結束？我還有一堂很喜歡的體育課要上。

凱倫：當然，我不會再留你。你大概整個星期都在期待這堂體育課，要是錯過了，會很遺憾的。真的很高興認識你，祝你心想事成。

史恩：希望妳和我爸媽談得愉快，也希望他們是

好學生。再見！

史恩跳起來，旋風似地離開了。

凱倫與黛比的對話

凱倫：嗨！黛比，我叫凱倫，我是兒童心理治療師。

黛比：嗨！

凱倫：我見過妳爸爸媽媽了，今天我想要試著瞭解妳。我已經知道妳今年十歲，念五年級。

黛比：對，我念公園街學校。

凱倫：那個學校附近的環境不錯。現在，不妨跟我多談一點妳自己。

黛比：我會告訴妳學校的事，因為那是我的問題所在。我念一年級的時候，就知道自己和其他小孩很不一樣。別的同學都可以馬上回答老師的問題，而且很快完成課堂上的作業，可是我卻要花好長的時間。所有孩子都很專心聽講，舉手發問，正確回答老師的問題，只有我例外。

凱倫：老師問妳問題的時候，發生了什麼事？

黛比：好幾次我不太明白大家在討論什麼。我沒跟上進度。老師問我問題時，我覺得很尷尬，所以沒回答。有一次，理科老師說我是來自火星的女孩，傷了我的心。

凱倫：確實不是很好。妳難過嗎？

黛比：當然。她認為我是一個愛做白日夢的懶人。她根本沒看到我在家投入多少時間和精神力氣，我多麼用功在準備考試……

凱倫：真不公平。我敢肯定如果她知道實情，一定會很珍視妳的努力。但她或許不是唯一不瞭解妳實際狀況的人。

黛比：沒錯。就連我爸媽也不十分瞭解。他們從沒讓我接受任何檢查，直到我念五年級，才帶我去看一位神經科醫師，並讓我接受學力測驗。

凱倫：這種事常發生在像妳一樣可愛的女孩子身上。這些女孩真的很努力，也不會惹麻煩。她們有苦都往肚裡吞，不會告訴任何人。隨著時間過去，沒有人發現她們其實有苦惱。有時候她們的難處直到國高中才有人發現。

黛比：太不公平了！擾亂上課、表現又差的男孩，就能得到他們需要的任何幫助；而靜靜坐著聽課、做白日夢的女孩，卻得不到任何關注！

凱倫：說的有理，黛比。很抱歉我得這麼說，要

看出在課堂上只是坐在那兒做白日夢的孩子有問題，確實比較難。老師通常不知道上課時直視他們，看起來好像專心聽講的女孩，其實早就心不在焉。因此，這樣的女孩在學校如果表現不佳，老師會認為她只是不夠聰明。對了，同樣的事情也會發生在做白日夢的男孩身上喔！

黛比：凱倫，我剛剛說過，我的問題直到五年級才發現。說實話，時間是不是太晚了？

凱倫：才不會呢！妳還很年輕，只要給予適當的幫助，一定能有很大的進步。不過，黛比，有件事我不明白。妳是怎麼熬過求學生活的？

黛比：媽媽幫了我很多忙。她每天坐在我旁邊，幫助我做功課，和我一起準備考試。我們用盡各種方式想要跟上其他同學。一天結束時，我們兩人都好疲倦，心情也差，沒有力氣做其他事情。

凱倫：每天就只有用功、用功、用功。好討厭喔！

黛比：說真的，有時候我覺得頭好痛，用眼過度讓我的眼睛又痠又痛。最糟的是，這麼努力過後，我以為終於可以趕上其他同學，卻發現自己又遠遠落後了。這種挫折感有時讓我忍不住哭了起來。

凱倫：是啊！妳是這麼想要跟上其他人，又是這麼努力！一旦發現這招不管用，當然會感到沮喪、不快樂。何不多談談妳的家人？聽說妳常幫忙照顧弟弟。

黛比：我弟還是小嬰兒的時候，我就照顧他了。我幫他換尿布，拿奶瓶餵他喝

奶，陪他玩，這樣媽媽才能休息……

凱倫：要是每個爸媽都有妳這樣的女兒，一定會很高興。

黛比：我爸媽才不會呢！我不是好女孩，我有缺陷！

凱倫：怎麼這麼說呢？

黛比：因為我常和一位補救課程的教師見面。我查了「補救」這個詞，意思是「為了矯正或改善某件事」。如果一件事運作正常，根本就不需要矯正。這就是為什麼我說自己一定有缺陷。

凱倫：黛比，我覺得妳不喜歡自己，甚至在生自己的氣。

黛比：沒錯，因為我很笨，又沒有價值。

凱倫：哇！妳用了很負面的字眼耶！可見妳對自己一直有很糟的感覺。我知道有很多小孩在求學過程中遇到困難。看別人輕輕鬆鬆就表現得比他們好很多，令他們很挫折。他們對於自己這麼努力用功，卻還是得不到好成績，感到很厭倦。他們和妳一樣覺得自己有缺陷、沒價值，而且非常非常傷心。

黛比：妳只要看他們一眼，就知道他們很傷心嗎？

凱倫：不盡然。悲傷可能有好幾種不同的面貌。

有時從外觀就看得出來，像是小孩哭了很久或是心情不好。但其他時候，有的小孩可能非常非常沮喪，彷彿他們頭上有烏雲籠罩，使他們用灰暗的眼光看待每件事。也有些時候，悲傷會跟我們玩捉迷藏，讓我們肚子痛或手臂痛、腿痛，或讓我們疲憊不堪，因而什麼事都不想做。可是，由於表面上看起來都很好，我們無法發覺造成這一切的真正原因。所以，在斷定疼痛或倦怠純粹來自隱藏的悲傷之前，先找醫生檢查是很重要的。

黛比：我已經讓醫生檢查過了，一切都很好！

凱倫：妳很健康，那太好了。

黛比：是啊，很健康，但有缺陷……

凱倫：妳有這種感覺，是不是因為妳不像班上其他同學能讀會寫？

黛比：對啊！我做過測驗，結果顯示我的閱讀能力只有三年級的程度。妳明白嗎？三年級耶！！我都已經五年級了！好丟臉。結果出爐時爸媽也在場，我只能頭低低地盯著地板。

凱倫：為什麼？

黛比：我就是覺得糟透了。爸媽想盡辦法幫我，結果得到了什麼？十歲的女兒閱讀速度慢

得像烏龜在爬，而且寫字像智障。

凱倫：等一下！也許妳做事的速度是慢了點，但沒人說妳是智障啊！事實正好相反。幫妳做評量的人員在報告上寫著，妳是聰明的女孩。從我們的談話看來，我完全同意這點。妳很聰明。妳的難處和智力無關，而是與妳的專注力及學習能力有關。

黛比：我知道。有人告訴我，我有「學習障礙」。我想瞭解這是什麼意思，所以查了字典。有障礙指的是阻礙或限制了正常的成就，所以我沒有學習能力。現在是不爭的事實了，我是有缺陷的女孩。太好了！

凱倫：黛比，妳知道嗎？我也查過學習障礙的意思喔！我在網路上搜尋，結果發現這了不起的聲明：「障礙並不等於無能，而是指用不同的方式做事情。」妳不是沒有學習能力，妳只是得找出不同的學習方式。

黛比：嗯，也許這是真的。上了幾次莉妲教師的補救課程之後，我的閱讀的確有進步。就好像我的閱讀能力始終都在，只等著某人開發。

凱倫：太好了！這還只是開始而已喔……告訴我，妳認為稱莉妲為特教老師，而不是補救課程教師如何？所謂特教老師，就是知道妳需要用不同的方式學習，而提供妳額外幫助的老師。也許這名稱會讓妳感覺更好。

黛比：我會試試看。也許我應該叫她莉妲就好。

凱倫：這樣更好。莉妲會教妳如何整理妳的書籍和報告，協助妳做家庭作業。她也可以告訴妳各種訣竅，以便妳在學校有好的表現。很多小孩輕而易舉就學會讀寫，好像他們天生就會閱讀。但不是如此自然而然學會的人，總能學些方法來改善。

黛比：我想要變得更好，我想成為好學生。

凱倫：我知道妳對自己屬於能力較差的學生感到厭煩，妳希望在班上名列前茅。

黛比：沒錯！

凱倫：知道嗎？不斷拿自己和別人比較，會給我們增添很多不必要的煩惱。生活不是奧林匹克運動會。妳不必時時刻刻與妳的朋友競爭。

黛比：可是，我只是希望爸媽以我為榮。我不想讓他們失望。

凱倫：妳為什麼這麼肯定自己讓爸媽失望？他們這樣告訴過妳嗎？妳問過他們嗎？

黛比：那倒沒有……

凱倫：好，那麼告訴我，在評量人員說妳有學習障礙之後，發生了什麼事。爸媽有生妳的氣嗎？他們感到羞恥嗎？他們有因為非常失望而哭了嗎？

黛比：才沒呢！媽媽用力抱緊我，跟我說，她愛的就是那樣的我。她答應會盡一切所能幫助我。爸爸帶我們去海邊吃午餐。用餐時，爸媽告訴我，他們過去的求學生涯有多麼辛苦。他們說，以前念書的時候，根本就沒有人瞭解他們或提供任何幫助。他們告訴我，我何其幸運，能夠生長在這個時代，有各種方法可以幫助有專注問題和學習困難的人。爸媽保證會盡力給我最好的幫助，還說他們確信我會做得很好。

凱倫：看吧！妳爸媽以愛和理解來體恤妳的難處。妳是他們的寶貝女兒，他們愛的就是這樣的妳。只有妳認為自己有缺陷、不夠完美。我相信妳爸媽有很多理由以妳為榮。讓我們來看看妳能否想到一些。

黛比：嗯……這個嘛，爸爸常說我很漂亮，叫我公主。媽媽說，從我照顧弟弟的方式看來，她相信我將來會是個偉大的母親。爸媽也常因為我待人很好而感到自豪。他們還說，我在學校很勇敢，即使遇到真的很難的事也從不放棄。

凱倫：所以，一切都朝積極正面的方向前進。爸媽愛妳，欣賞妳。莉妲幫助妳在課業方面表現得更好。學校老師瞭解妳的情況，也做了調整……

黛比：調整！別跟我提那個字！我並不想要任何特別的調整。我不希望老師為我把事情變得容易些。我不要特殊待遇！！妳可知道老師走過來對著妳大聲朗讀有多糗？就因為那樣，大家都知道我與眾不同。

凱倫：黛比，妳隱瞞自己的難處很久了，說不定太久了。就像妳爸媽說的，妳從一年級到現在，在學校始終勇敢應付自己的問題。沒有人知道妳必須多麼努力用功，才能像其他學生一樣。現在妳已經接受檢查，事情變得清楚多了。妳終於能得到適當的幫助。

黛比：所以，妳認為我能成為獸醫，就像我一直以來夢想的那樣嗎？

凱倫：當然可以！妳想要進步，也願意努力，這

都是確保成功的祕訣。還有，妳知道嗎？
動物可不會為了拼寫錯誤而激動喔！

黛比：妳說的對。我的狗兒愛死我了，我和牠們
　　　心靈相通。

凱倫：那是因為妳是很特別的女孩，心思細膩又
　　　充滿愛心，無論去到哪裡，都能帶來快樂
　　　和光明。不要只為了和別人一樣，而放棄
　　　自己的獨特之處！應該繼續走自己的路。

黛比：可是，有時真的很難，有時好累……

凱倫：如果我說，妳這麼想是錯的，那我就是在
　　　說謊。一般學生就像遠足的人，平靜安穩
　　　地沿著平地的小徑行走。但有專注問題和
　　　學習困難的學生，就像攀登高山的背包客，
　　　很疲倦，背包很沉重，感覺很孤單。當他
　　　抬頭往上看，總覺得山頂似乎遙不可及。

黛比：就好像永遠到不了頂端！

凱倫：沒錯。但不可以選擇放棄！妳必須繼續前
　　　進。當然，攀登高山是比在平地上行走還
　　　要困難許多。妳需要很多的耐心和毅力。

黛比：那麼，堅持不放棄的人會怎樣？

凱倫：他們最後會登上巔峰。到了那裡，他們終
　　　於可以休息，欣賞雄偉壯麗的景觀，這樣
　　　的美景從山下小徑絕對看不到。他們呼吸
　　　新鮮的空氣，為永無休止的寧靜而快樂。

景色、新鮮空氣和
寧靜都屬於他
們，因為這
是他們辛
苦得來的，
他們也知
道一切的努
力是值得的。
黛比，妳要切
記，巔峰不是白
白得來的；它只屬於勇敢的人！

黛比：我是勇敢的女孩……所以，這表示只要我
　　　願意，不管多
　　　遠我都辦得
　　　到！

凱倫：用妳的
　　　方式，
　　　按妳的
　　　速度，
　　　妳一定能
　　　心想事成。
　　　妳會看到的……
　　　一定會如妳所願！

摘　要

史恩，八歲過動兒，體格健壯、機靈、可愛。他屬於跑車引擎型，所以有時候無法控制行為和情緒。凱倫告訴他，並非他有病或心理不正常，也告訴他過動兒的長處；還有，即使爸媽生他的氣或對他感到失望，他們依然愛他，時時刻刻關心他。史恩從談話中認識到，他的行為和心情就像海洋一樣變化莫測。他也發現過動兒的情緒可能膨脹成超級情緒。這有好的一面，因為他們正面的情緒也增強了，帶給他們很大的快樂。凱倫邀請史恩的父母與她會面，這樣他們才能夠學習更瞭解史恩。這將改善他們的親子關係和家中的氣氛。

黛比，十歲過動兒，聰明、惹人憐愛、心思細膩。她屬於太空見習生型，合併讀寫困難。黛比告訴凱倫，她前五年的求學生活非常艱困，而且有學習困難和專注問題。黛比非常努力想要跟上其他同學，卻總是不成功。她念五年級的時候才發現有過動症和學習障礙。黛比認為自己有某種缺陷，而且讓父母失望。凱倫向黛比解釋，她的父母從未對她感到失望，他們愛她，以她的勇氣為榮。黛比已開始在學校得到額外的幫助，也進步很多。凱倫確信在適當的幫助下，黛比將持續進步，總有一天會實現她所有的夢想。

 親子課題

在線圈筆記本或便條紙上:

1. 把凱倫和史恩的談話內容畫成一張圖。

2. 把凱倫和黛比的談話內容畫成一張圖。

3. 寫一封信給史恩或黛比。

4. 寫一首有趣的詩,以睡著的警察為主題。

把你的畫、信或詩貼在這裡:

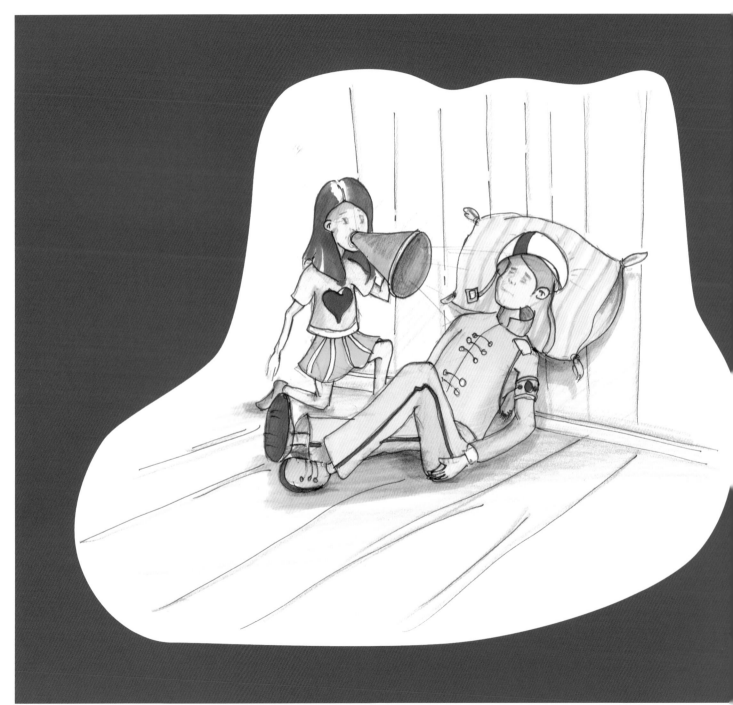

第四章

不要為睡著的警察
哭泣……
喚醒他就好！！

 ## 給父母的提示

在前面的章節中，我們認識到過動症患者，以及他們的行為表現、想法和感受。通常到了這個階段，父母都會理所當然地問我：「那麼，現在我們該怎麼辦才好？」

我們馬上就會談到行動方針，但我想先提醒你，有兩件事你應該極力避免：
1. 不要拿走孩子該負的一切責任。過動兒並不因為他們生下來就帶著睡著的警察，而有權利從今以後不受任何約束，可以為所欲為，或是規避任何他們不覺得興奮或不感興趣的事情，像是家庭作業或繁瑣的家事。
2. 不要期待或堅決要孩子靠自己的力量叫醒睡著的警察。這是一種神經症狀，過動兒控制不了。

那麼，你該怎麼辦？
1. 改變你看待孩子的方式。你現在已經知道過動兒的身體和大腦如何運作，甚至透過閱讀潔溜溜國和亂糟糟國的寓言故事以及第三章的對話，體驗

孩子的處境，你應該可以更瞭解你的孩子了。你過去以為孩子是出於懶惰、缺乏愛心、叛逆、甚至為了洩憤，而表現出來的種種行為，現在總算真相大白，一切都是孩子的前腦不活躍所致。不過，我必須提醒你，由於注意力障礙非肉眼所能見，此新的觀點往往如曇花一現，很容易就被淡忘了。因此，為了加強並鞏固你的新態度，與別人分享自己所學、成為過動症網路論壇的會員、加入過動兒父母支持團體等，都是不錯的想法。

2. 使用日常生活的情境來說明注意力障礙如何表現，以便強化孩子的自我覺察。例如：「我看你今天花了很多時間玩樂高積木。你做有趣的事情時，會喚醒腦中的警察，他可以幫助你專注幾小時。」另一個例子：「你腦中的警察昏昏欲睡，還不斷要你忘了學校作業，去做比較好玩的事情，這時候你很難定下心來做功課。」試著談談諸如此類的例子，以找出適當的平衡，這樣你的孩子才能從中獲益最多。你將能從孩子的反應來辨別什麼

時候該適可而止。

3. 盡量節制批評孩子或給孩子負面評價。切記！這些負面的評價，終會滲入孩子的靈魂深處，漸漸侵蝕他的自信和自尊感。低自尊的孩子容易情緒低落、冷漠，甚至變得挑釁。基於這個原因，試著預先想好孩子的哪些行為你能夠視若無睹，例如：吃飯的時候敲桌子。至於你選擇評論的部分，盡量多一點實事求是，少一點情緒。盡可能以描述而不是批評的方式表達你的意見。與其說：「喬依，別跟我說你又把巧克力牛奶灑出來了。我不是叫你小心一點，到底要我說幾遍？」不如試著說：「喬依，我看到你不小心把巧克力牛奶灑出來了。現在請你拿濕布來擦一擦。」

4. 對於孩子表現良好的任何行為，務必給予正增強[5]

與讚美，即使孩子做的是他／她那個年齡會做的最瑣碎的事，像是收拾餐桌上的碗盤。不時對孩子說好話，並輕輕拍一下他／她的背，或偶爾給個擁抱，甚至送個小獎品。別忘了，對過動兒這樣的孩子而言，準備好隔天的書包，或在你講電話的時候繼續自己玩，諸如此類的小事都不是微不足道的事，需要很大的努力才能做到。研究顯示，正增強比責罵或處罰過動兒，更能有效修正他們的行為。

在本章節中，我們將對過動兒說明，「腦中的警察睡著」雖是他們與生俱來的狀況，但並不表示他們可以為所欲為。就算他們做的某些事不是他們的錯，那並不表示他們可以不用為自己的行為負責。由於從內疚轉為責任感的過程極為重要，接下來我要花點時間解釋這一重要的轉變。

[89]

---

5 譯註：正增強（positive reinforcement）是指在兒童表現正確的行為之後，立即給予獎賞，用以增進或增加某一行為的能力。

當孩子因為某件事受到責備，他們收到的訊息，無論表面上還是下意識，會讓他們認為自己性格中含有負面的特性，像是懶惰、自私、甚至邪惡。強調不變的性格因素，可能會損害孩子的自我形象，粉碎改進的希望；此外，過動兒本身可能無意使壞，也許是他們控制不了自己的行動。在這種情況下，批評或懲罰易使孩子覺得父母不瞭解他們、對他們不公平。這使得他們更加忿恨不平，因而增添其他錯誤行為的可能性，結果又導致更多的內疚與懲罰。你或許會發現自己陷入一個消極、令人焦慮不安又沮喪的惡性循環。另一方面，當過動兒被要求對自己的行為負責，他們收到的訊息是，他們是成熟的人，而且值得信賴。把過動兒視為有才華、有擔當、能獨立行動的人，是非常重要的事。就算他們犯了錯、弄壞東西或傷害他人，也要試著指出他們有能力改正的情況，從中汲取教訓，以免再犯同樣的錯誤。內疚充滿悲觀的情緒，導致挫折與無助；而責任感則傳遞樂觀，激勵孩子採取行動。

實務上，有幾個因素使過動兒難以為自己的行為負責。首先，他們的情緒發展比較慢，所以往往比其他同齡的孩子更依賴身邊的人，尤其是父母親。其次，他們較少察覺到自己或多或少是不同困境的始作俑者，反而容易怪罪他人，例如：「是他先開始的」或「老師又沒說那個習題要做」。第三，他們偏愛立即得到滿足，這使得他們常為了避開懲罰或窘境，而掩蓋自己的不良行為，想盡辦法拖延自己不想做的事。因此，在你試圖要求孩子負責新事物之前，請先確定你對孩子的期待是否實際可行，不要拿對其他同齡孩子應有的期許來要求你的孩子。這樣，你將讓自己免去很多不必要的失望和憤怒。記得有一個家庭要求過動兒負責更換浴室的捲筒衛生紙。我確信你想像得出隨之而來的尷尬時刻！

當你開始和孩子一起閱讀本章，請耐心點，抱持審慎的樂觀態度。把你自己的心態從歸咎改為分配責任給孩子，這點很重要。但你無法預先知道孩子要花多少時間學會承擔責任，或是能夠做到什麼程度。這取決於許多因素，包括孩子的年紀、動機，以及你們的親子關係。即使閱讀本章在你的孩子身

上沒引起任何顯著的改變，也不要氣餒！！繼續鼓勵孩子承擔責任，他／她終會接收到這個訊息。

　　我選用彩虹的隱喻，對過動兒解釋負責的概念。在閱讀本章的過程中，孩子將陸續見到彩虹的顏色。每一種顏色搭配一項新的作業，幫助過動兒學習更有責任感。

　　藍色的單元包括自我放鬆技巧的解說。請務必和你的孩子一起練習。這些方法都是幫助過動兒提升學習力、改善社交衝突和情緒狀態的主要工具。

　　紫色的單元包含各種建議，可大幅改善過動兒與周遭人的生活。這是本書最冗長，也最重要的部分。因此，你需要有計畫地閱讀，這樣你的孩子才能從中獲益最多，而不會感到無聊而放棄。我確信，就算你沒有過動症，也無法一口氣讀完、吸收並內化這麼多的建議。你可以先閱讀片段，以便決定你的孩子最需要得到幫助的領域。如果孩子的需要涵蓋好幾個領域，就從最簡單列到最困難。你選定要在哪個領域集中火力後，請閱讀該領域的建議，從中選出看起來適合孩子的一項——只要一項。用彩色筆標出這個項目，或抄在一張紙上。讓這一項成為你這星期的建議，也就是你將與孩子一起閱讀、一起在本週執行的唯一建議。下星期，則選另一個建議，再下個星期，再選出另一個建議，像這樣持續到接下來幾個星期。務必堅持這個方法，循序漸進。父母單方面過於野心勃勃或過度熱心，可能反而減少孩子的動機。年紀較大的孩子可以自行選擇要聚焦的領域和每週的建議。為了鼓勵孩子運用當週建議，請常用正增強方式或小獎勵。有些父母擔心，獎勵好行為會讓孩子變得貪心或不擇手段，事實正好相反。眾所周知，正增強能幫助過動症患者學到好行為，並堅持下去。你和你的孩子可以參閱本章結尾的建議，擬出一份適當的獎勵清單，鼓勵他／她自我挑戰並堅持不懈。

　　祝好運！

瞌睡的警察不是藉口！

現在我們知道，過動兒不是故意使壞，也不是他們的錯。只是他們大腦中的警察昏昏欲睡，這就是造成所有問題的原因。

這是否意味著，過動兒注定是輸家，我們應該為他們感到難過？絕非如此！

這是否意味著，從現在起，我們不應要求他們做功課或幫忙家事？門兒都沒有！

這是否意味著，從現在起，任何時候他們都可以為所欲為？想都別想！

這是否意味著，他們可以隨意打人、煩擾人或詛咒別人？當然不是！

沒錯，過動症患者的確較難集中精神、缺乏組織能力、較難控制自己並完成開始進行的事情；但比較難不代表不可能！現在我們知道，大腦中的警察昏昏欲睡，我們不可用他作為藉口。我們應該尋找解決辦法。如果我們能夠叫醒體內那沉睡的警察，我們和周遭人的生活將會大幅改善。過動兒有時候會為自己辯解，說什麼「我沒做功課，因為我有問題」、「我打妹妹，因為我控制不了自己」或是「我沒整理房間，因為我體內的警察昏昏欲睡」之類的話。然而提出這些藉口，既幫不了自己，也不會讓生活往前邁進。

切記，為睡著的警察哭泣是沒有用的；你反而必須找出方法叫醒他，或學著過沒有他的日子，這就是所謂的承擔責任！

是的，負責任！也許你做了不對的事，很可能錯不在你，但毋庸置疑地，你必須負起責任！

如果你控制不了自己，把妹妹從生日派對帶回家的糖果吃光了，那不是你的錯；可是，糖果畢竟全都進了你的肚子，你還是得為已經發生的事負責。

如果你沒有這個意思，但不知怎地在學校推了同學一把，害他受傷，那不是你的錯；但是，你的確推了他，你還是得為已經發生的事負責。

如果不知怎地，你那盒巧克力牛奶從手中滑落，灑了一地，那不是你的錯；儘管如此，那盒牛奶原本是在你手上，你還是得為已經發生的事負責。

很多過動兒因他們的行為而責怪別人：「我打他因為他惹我。」「我把巧克力全吃光，因為沒人說這些巧克力是要發給大家的。」「我沒做完功課，因為老師沒交代該怎麼做。」過動兒常常把所有責任推給爸媽。事實上，有時候看起來似乎他們的爸媽才是應該做作業的人，即使他們三十年前就已經小學畢業！把責任推給別人很容易，尤其是如果你有過動症。但這麼做並不會幫助你成長！因此，時候到了，該為自己的行為負起責任，不要再將責任推給他人了！

 你的房間是你的！你有責任維持整潔。

 你的作業是你的！你才是應該做作業的人。

 來家裡探訪你的，是你的朋友！招待他們、讓他們覺得賓至如歸，是你該做的事。

你在鏡中看到的身體是你的身體！要不要保持乾淨健康由你決定。

為自己行為負責的小孩，不但表現成熟，也在為自己的人生做好準備。另外，他們也會受到周遭的人喜愛與尊敬。那麼，你該如何開始承擔責任呢？緊跟著我，你將會找到方法。

彩虹之旅

責任化成了彩虹的六種顏色。現在,請和我一起來趟彩虹之旅。
我們每到達一種顏色,就有新的作業給你,幫助你學習更負責任。

準備好了嗎?出發囉!!

紅　　　橙　　　黃　　　綠　　　藍　　　紫

成為過動症專家

我們使用「睡著的警察」這個圖像，來描述你大腦和體內的狀況。重點是，你要瞭解到，這個圖像描述的正是你所發生的事！這就是為什麼你需要學習瞭解注意力不足症，以及此症對你的影響。而閱讀本書是你朝這方向前進的重要第一步，你也應該詢問關於這個主題令你好奇的任何事物。去看醫生的時候，一定要問問題。如果爸媽在閱讀有關注意力不足症的書籍，問他們從書上學到了什麼。做好心理準備，你聽到的可能正是你不愛聽的事。

你越瞭解過動症，就越有能力向家人、老師、甚至朋友解釋自己發生了什麼事。你甚至可以建議他們閱讀本書，然後與你談論。我對你和所有過動症患者的忠告是，坦率談論此話題，不要為自己感到不好意思或羞恥。相信我，你們沒什麼好羞愧的！一旦注意力不足症不再是什麼見不得人的祕密，世人才會用不一樣的方式對待過動症患者。不要指望別人在沒有任何幫助的情況下，只靠自己的力量來瞭解你。他們感到困惑，因為你看起來就像其他孩子，但表現卻不同。對於你和許許多多過動兒一樣，有時候表現是這樣，而有時候卻是那樣，他們也感到困惑。

切記，你向別人解釋注意力不足症的時候，不但幫助自己，也幫助了許多和你一樣的孩子。

紅色

[95]

橙色

提前計畫

為了避免陷入困境,你應該效法潔溜溜國人,預先計畫每件事,而不是留到最後一刻才做!這樣,你才會比較從容不迫,也比較沒有壓力。

比如說,你是童子軍的成員,你們這團要去遠足。請務必列張清單,上面寫著你需要隨身攜帶的東西,並在出發前幾天,就開始把這些東西放在一塊兒。

那麼,如果你打算找個晚上出去大玩一場呢?你應該提前決定要穿什麼衣服,以及頭髮要做怎樣的造型。

如果老師指派一份繁重的家庭作業,你應該把作業分成幾部分,然後每天做一小部分。全部完成的時候,犒賞自己,像是來份特別的點心、郊遊,或給點上網或看電視的時間。

我們計畫要做什麼事時,也需要考慮後果。

例如,我想看的電影要到午夜才結束,那麼隔天起床上學就可能有困難。

如果我吃掉一整包奧利奧餅乾,我可能肚子痛得哇哇叫,媽媽會對我大發脾氣。

如果我幫爸爸整理廚房,他可以早一點完成工作,我們就能一起看電視轉播的籃球賽了。

適當的計畫也避免了未來的種種麻煩。

我踢足球,一定遠離街道,這樣球才不會意外滾到馬路上,而陷入車流中。

我避免進去大哥的房間,他就不會對我大發雷霆。

我把功課都做完,老師才不會寫張紙條讓我帶回家給爸媽。

最後,我們要用潔溜溜國朋友們的座右銘,來結束本單元:「三思而後行」。

床邊故事

來自朋友的一點幫助

　　和其他人一樣，過動兒偶爾也需要幫助。實際上，或許他們更需要幫助，因為他們體內的警察睡著了！

　　過動兒有時可以「借用」別人體內的警察，來幫助他們完成事情。例如，在班上，你可以選擇坐在很有條理又安靜的女孩旁邊，就是很像《哈利波特》中的妙麗那樣的女孩。她能讓你知道什麼時候該閉上嘴巴；你沒跟上進度的時候，她會告訴你老師上到哪裡；你忘了帶鉛筆和橡皮擦的時候，她會借你。那可是很大的幫助喔！

　　過動兒需要很多幫助，尤其是來自父母的幫助，往往比其他同齡的孩子需要的更多。過動兒的父母要確保他們記住重要的事情，幫助他們做功課、準備考試，並指點他們如何與朋友相處。過動兒的父母陪他們一起收拾房間、準備上學要用的東西，及其他許多方面的事物。有些過動兒明明需要幫助，卻恥於求助。他們擔心，有求於人表示軟弱或愚蠢。胡說八道！你求助時，是給幫助你的人機會做好事，讓他們對自己感覺良好。別忘了世界就像個輪子，不停地轉啊轉。今天你得著幫助，明天輪到你去幫助別人。有些過動兒甚至試都沒試，就打退堂鼓。就算實際情況並非如此，他們還是說：「我做不來，幫我做。」連嘗試都不願意的小孩，不但言行舉止幼稚，也不相信自己。所以，就算有些事情起初看似很難，你還是應該靠自己的力量試試看。萬一沒成功，你可以隨時尋求幫助。你周遭的人將因為你的嘗試和努力而尊敬你。

綠色

與嘗試幫助你的
專業人員合作！

前文提到，過動兒需要知道如何求助與接受幫助。很多人可以提供過動兒有關身體和大腦方面的幫助。讓我們來認識認識他們：

* **兒童神經科醫師**專門研究兒童的大腦和神經系統。在某些情況下，這類醫生能開藥方來改善兒童的注意力，幫助他們集中精神。

* **兒童精神科醫師**專門在兒童感到悲傷、恐懼、發怒，或有專注或行為問題的時候幫助他們。和神經科醫師一樣，兒童精神科醫師也能開藥方來改善兒童的注意力，有時也能改善情緒或行為。

* **職能治療師**幫助兒童更能安排與計畫活動，教兒童如何應付惱怒他們的材料，像是沙子或手指塗料。職能治療師也教兒童一些訣竅，幫助他們更集中精神，並改善他們的書寫能力。

* **兒童心理治療師**幫助兒童瞭解自我和周遭的世界。心理治療師專門研究情緒，並透過與兒童談話、提供建議和玩遊戲，幫助兒童更快樂、更自信。

* **各式各樣的治療師**運用音樂、舞蹈、藝術和其他方式，促進兒童身心健康。

* **特教老師**教導兒童做功課及考取好成績的新方法，幫助他們在學校表現更好。

* **神經生理回饋治療師**使用電腦軟體測量大腦和身體的活動，幫助兒童放鬆，學習更專注。

所有這些專業人員都有充足的經驗可以幫助兒童，而且他們也很樂意幫忙。父母要開車接送孩子去接受這些額外的輔助療程，當然也得負擔費用。然而，唯有孩子對所提供的療程負起責任，也就是積極參與並配合所有課程，才是讓治療有效的唯一途徑。

接受輔助的兒童如果不定期出席、沒有完全誠實回答治療師的問題，或是不做療程中建議的練習或作業，將無法從治療師提供的幫助獲益！

開始一個新的治療活動時，要花點時間適應治療師和環境。即使第一次治療似乎很無聊，也不完全有幫助，你還是要等待，給治療機會。過動兒對於活動變換的適應力不佳，所以常常在療程開始時，很難進入狀況。然後，等他們終於開始盡興，療程已快結束，變成他們不想離開了……

我所描述的治療師並不是魔術師。他們的治療有時候很成功，但有時候不是那麼有效。要找到最適合你的治療方式和治療師，往往需要時間。但有一點是確定的：只要你耐心尋找，終會找到適合你的！

現在，我有一個小小的請求……別讓爸媽拖你去治療，彷彿你是被拖吊車拖著走的車子。切記，你參與這些療程，不是為了爸媽，而是為你自己，為了讓一切與你有關的事變得更好。請你負起責任，與試著幫助你的專業人員合作。

第 63-65 頁「給全家人的小測驗」問題解答：

1-d, 2-b, 3-b, 4-d, 5-d, 6-c, 7-b, 8-c, 9-d, 10-b, 11-c, 12-d, 13-a, 14-c, 15-a

冷靜下來！

我們體內的警察有一項最重要的工作，就是在我們情緒激動或焦慮不安的時候，幫助我們冷靜下來，並協助我們慢慢從苦惱轉變為心平氣和。過動兒很難「放慢節奏」，例如：他們很難在下課休息或上完體育課之後，重新定下心來上數學課；有些甚至難以入睡。通常他們身邊的成人，像是父母或老師，會跟他們說說話或抱抱他們，幫助他們平靜下來。但父母和老師不會一直陪伴在他們身旁，即使會，他們的幫助也不見得總是有效。這就

是為什麼過動兒需要學習如何自行冷靜下來。為什麼這件事如此重要呢？因為我們緊張焦慮的時候，很難約束自己，容易生氣、怒吼、尖叫，甚至打人。相反地，當我們平靜放鬆的時候，我們感覺好多了，專注和學習的能力提高，行為也得到改善。這正是我們能與家人、朋友處得更好的道理。因此，讓我們來學一些放鬆身體的好方法：

1. 呼吸

你或許會想，「什麼？我每分每秒都在呼吸啊！」沒錯，不呼吸，必死無疑。但有各式各樣特別的呼吸法可以幫助我們放鬆。讓我們來認識認識。

(1)深呼吸：舒舒服服地坐好，用鼻子吸氣，慢慢地，不要用力。然後，慢慢從嘴巴吐氣，並發出「呼」的聲音。你的「呼」聲要大到聽得見才行，像這樣練習三次。你可以利用肥皂泡泡來練習深呼吸。吐氣的速度越慢，泡泡越大，你就知

道你的呼吸緩慢而穩定。

（2）**氣球呼吸法**：把雙手放在肚子上，想像裡面有一顆大氣球。慢慢由鼻子吸氣，漸漸為肚子裡的氣球充氣。把肚子裝滿空氣，讓肚子鼓起來。然後，慢慢從嘴巴吐氣，並發出「呼」的聲音，放掉氣球裡的空氣，讓手隨著肚子凹陷下去。再一次，由鼻子吸氣，慢慢為肚子裡的氣球充氣，心裡數著：一、二、三。然後，從嘴巴吐氣，把氣球裡面的空氣放掉，心裡數著：一、二、三、四、五。多練習幾遍。你也可以利用肥皂泡泡來練習氣球呼吸法。

重要祕訣！如果你希望這些呼吸活動幫助你放鬆，吐氣時務必要比吸氣慢。

每當你感到緊張、焦慮、害怕，或是覺得不太能控制自己的時候，可以使用深呼吸和氣球呼吸法。上床睡覺前做做氣球呼吸法，效果也很好；可以幫助你放鬆身體，慢慢進入深沉而甜美的夢鄉。

2. 從雕像變成布丁

把全身肌肉繃得很緊很緊，直到覺得自己像雕像為止。然後，一下子放鬆身體，讓身體變得鬆鬆軟軟、好輕好輕，像甜布丁一樣。準備好了嗎？我們一起來試試看。

從手開始吧！用力握緊拳頭，慢慢數到三，然後放鬆。再做兩次。現在換到腳。繃緊腳掌和腳趾頭，慢慢數到三，然後放鬆。再做兩次。

重要祕訣！當你在課堂上感到緊張、焦慮或無聊，你可以偷偷在課桌下，繃緊然後放鬆你的手和腳，這樣就不會被人看到喔！

好。現在讓我們開始來收縮臉部的肌肉：眼睛、前額、臉頰。用力收緊下巴，繼續用力，然後放鬆。如果你對著鏡子做這些練習，會看到自己的表情非常滑稽可笑！讓我們來看看你能不能繃緊全身的肌肉，然後放鬆。從下半身開始，依序繃緊

腳趾頭、腿部、臀部、腹部、胸部、手掌、手臂、肩膀以及臉部的肌肉。數到三,然後一下子放鬆整個身體!哇噢!真好玩!你已經學會如何把雕像變成布丁了。小心……說不定有人想把你吃掉!

3. 有趣的漫遊

每個人都有能讓自己感到愉快放鬆的特別地方,也許是外婆家、樹林裡或是沙漠的某處。遺憾的是,我們沒辦法每次不順利的時候,就去那個地方。然而,就算不能實際去到那裡,我們還是可以在想像中遨遊該處,因而覺得心情好多了。要知道如何做到這點,讓我們來看看心理治療師凱倫教史恩如何只靠想像,遨遊他最喜歡的大海。

「首先,做幾個深呼吸,放鬆你的身體。慢慢由鼻子吸氣,然後用更慢的速度從嘴巴吐氣。很好!再做兩次。現在,把眼睛閉起來,我繼續說的時候,請你繼續這樣呼吸。」

「想像自己在海邊,靜靜地躺在溫暖的白色沙灘上。你很享受暖暖的沙灘,你的身體變得越來越沉重。你聞到大海鹹鹹的味道,一陣柔和的微風輕撫著你。你剛才吃的巧克力冰淇淋,味道還留在口中。你聽到頭上盤旋飛舞的海鷗叫聲,聽到海浪拍打岸邊的聲音。海浪一波一波襲來,越來越逼近你,隨後又退去……你感到好放鬆、很平靜,幾乎快睡著了……」

重要祕訣!要在想像中漫遊到你最喜歡的地方,首先得用深呼吸來放鬆你的身體。當你想像該處時,試著盡可能多運用感官,好讓你有親臨現場的真實感。試著去感受那裡看起來如何、有什麼氣味,你聽到了什麼、嘗到什麼,以及皮膚的觸感。

4. 紅綠信號燈

　　前文提到，過動兒心裡不平靜的時候，很難控制自己，甚至可能犯錯。為了讓你覺得是你在控制事情，而不是事情在控制你，你可以使用內心的紅綠燈。怎麼用？比方說，班上有兩名同學指著你、嘲笑你。你很生氣，唯一想做的事就是追他們、咒罵他們，或許狠狠踢一下他們的屁股，可以警告他們別來惹你……可是，那麼做真的是好主意嗎？為了決定最好的反應方式，你可以想像交通號誌，按照號誌燈的顏色採取行動。

藍色

紅色：停！慢慢數到十，或是做兩個深呼吸。

黃色：想像你的行為會產生什麼後果。如果我咒罵、毆打了那些小孩，他們可能會打回來，老師說不定會處罰我。如果我被迫休學，爸媽一定會氣瘋了。

綠色：繼續行動沒關係。

　　我確信，花一點時間冷靜數秒，想想可能發生的事，就可以幫助你遠離煩惱！特別是當你生氣、肚子餓或疲倦的時候，更需要應用內心的紅綠燈。

紫色

信賴成功過來人的建議

　　多年來，老師、父母、治療師、甚至過動兒本身用盡各種方式，要使大腦中的警察正常工作。他們發現了一些巧妙的招數，能讓許許多多過動兒的生活更輕鬆愉快。今天，我要把這些點子告訴你。我已將所有的建議分為五類：身體與大腦、家庭、學校、朋友、情緒。當然，你不可能一次應付這麼一大堆的建議，但如果你不時嘗試一項，會對你很有幫助。

A. 對付身體與大腦的妙招

1. 請爸媽幫你按摩一下。你可以假裝自己在一家麵包店，而你是爸媽正在揉捏的麵團。

2. 把自己裹在毯子裡，裹得緊緊的，就像蝴蝶在蛹裡面。請爸媽在上面按壓，把「蛹」蜷縮成一團。

3. 用椅子和床單為自己搭座帳篷，或用大紙箱蓋一間小房子。你可以不時到裡面去，忘卻周遭的喧譁。

4. 請周遭人先讓你知道任何預期的改變。當你知道有事物即將改變，就可以先做好準備，因為你知道該期待什麼。這樣，你比較不會惹上麻煩。

5. 行動前，花點時間瞭解周遭的狀況。例如：在海灘上，你要把毛巾抖乾淨之前，先環顧一下，看看附近有沒有人。檢查風從哪個方向吹來，你站在什麼地方，旁邊有什麼。全都仔細檢查完之後，再決定該怎麼做。

6. 尋找適合幫助你和指導你的人，讓他們協助你學習那些非自然而然學會的事情。例如，外婆可以教你正確的餐桌禮儀，大哥哥可以教你打網球，而你也可以自己看 DVD 學跳爵士舞。

7. 如果你有書寫困難，請老師允許你用電腦完成大部分的作業和家庭功課。現在是學習不看鍵盤打字的時候了，市面上有很棒的電腦軟體可以教你。

8. 用餐時，盡量使用大盤子以及重而堅固的玻璃杯。在你的盤子下方放一個塑膠餐墊。吃飯時，把餐巾鋪在衣服上，記得把袖子捲起來！別把餐具和玻璃器皿擺在桌邊。

9. 報名參加你喜歡的運動和課外活動，像是跳舞、足球、籃球、游泳、田徑運動、騎馬、武術（如：柔道、空手道、跆拳道）或瑜珈。

B. 對付學校的妙招

對許多過動兒來說，在學校度過的時間，是一天當中最難熬的時光。他們必須屁股黏在椅子上好幾個小時，幾乎動彈不得。雖然周遭有各種吵雜聲，還是得集中精神。遇到無聊的課程，過動兒常會做起白日夢、喋喋不休，甚至擾亂上課。老師往往生氣、責罵他們，甚至處罰他們。以下幾個祕訣能使你在學校的時光更輕鬆愉快。

如何與老師建立良好的關係？

1. 問學校能否在新學年開始前，讓你見見班導師。

2. 坦白告訴班導師，你集中注意力和專心的方式與一般人不同，這樣他／她才不會誤以為你是懶惰或惡作劇。請爸媽在新學年開始時，和你的班導師談一談，也是不錯的想法。

3. 其他科目的老師也應該知道你的情形。

[105]

紫色

爸媽或者班導師應向他們解釋你有過動症，並告訴他們哪些方法可以幫助你在課堂上集中精神而有好的表現。如果你已得到特別許可，像是以口試代替筆試或縮減家庭作業，你所有的老師都需要瞭解這點並照著做。

如何確保在課堂上專心？

1. 應該盡量坐在教室前排，靠近老師的位置。靠近老師，保持眼神接觸，可以幫助你專心，集中精神。
2. 和老師一起合作，選出幫助你專心的特別暗示。例如，每當老師覺得你開始分心，可以碰觸你的肩膀，提醒你回到手上的工作。
3. 請老師讓你坐在安靜的同學旁邊，並選擇安靜的夥伴來進行團體作業。
4. 請老師不要安排你坐在靠窗的位置，或靠近其他噪音的源頭，像是冷氣機出風口。

如何對付課堂上的無聊？

1. 盡量在筆記本和習題簿上，使用色彩鮮豔的彩色筆、標籤紙和其他有趣的裝飾圖案。
2. 自願做能讓你走出教室的工作，像是去教師辦公室拿海報板，或拿張便條給學校輔導老師。
3. 和老師擬定一份「暫時隔離」合約。例如：每堂課你可以離開教室，休息五分鐘。
4. 上課時，盡量坐直，這樣你的大腦才會收到訊號，保持清醒。
5. 老師講話時，注意看老師的嘴巴和眼睛。

如何排除萬難完成功課？

1. 盡量在固定的地方做功課，最好也固定時間。
2. 父母中應有一人陪你，免得你需要幫助卻找不到人。
3. 如果你和爸媽很容易在你做功課的時候

爭辯，就應該找一位高中生、大學生、甚至某位親戚來幫助你。

4. 按照預定的時間休息。例如，連續寫十五分鐘，然後休息五分鐘。繼續這樣做，直到你完成所有作業。設鬧鐘提醒自己什麼時候該休息，什麼時候該回來做功課。你也可以決定每完成一頁、甚至每半頁，就休息一下。休息時間，務必伸伸懶腰，起來走走，或吃些點心。無論如何都不可看電視或用電腦！

5. 由於過動兒在做功課方面有困難，你可以請求老師少給你一些功課。例如，問老師能否讓你隔題寫算術題，或閱讀的份量少一點。

6. 花預定的時間長度做功課，從半小時到兩小時不等。不要整個下午都在做功課。你會想留些時間給朋友和玩樂。

該如何準備考試？

1. 考試前幾天就開始準備。製作一張時間表，上面寫清楚每天要讀什麼。如果全都留到考試已迫在眉睫才準備，結果只會使你心情惡劣，思緒更混亂。

2. 為了幫助你保持警覺和專注，你可以試著一邊走跑步機或踩健身車，一邊溫習功課。

3. 選定溫書的最佳場所。有些過動兒喜歡在安靜、無人打擾的地方讀書，而其他過動兒喜歡有家人走動的廚房或背景音樂嘈雜的地方。嘗試不同的地方，直到找到最適合的場所。

如何把考試考好？

1. 一拿到考卷，就閱讀試題說明，直到你確定已經瞭解。如果你不確定有沒有讀懂，請教老師。等你完全理解試題說明後，才開始作答。

2. 就算你確定已經寫完考卷，沒別的事可做，也不要第一個交卷。看看其他同學，如果他們仍在作答，那就表示還有很多題目要做！

3. 很多過動兒考不好，是因為犯了一些小

[107]

紫色

錯誤，像是把加號看成減號，或沒有注意到考卷背面還有其他試題。為了確保你不會發生這種事，交卷前請檢查。你是否答完所有試題？如果你的答案很短，試著多加一、兩句。請務必檢查算術題。為了不讓自己感到厭煩，試著從最後一題倒過來檢查到第一題，或者隔題檢查，然後回頭檢查尚未檢查的題目。

如何在學校交朋友？

1. 試著用幽默或笑聲，來應付煩擾你或取笑你的同學。例如，有同學對派特說：「派特，去打個盹兒。」派特應該怎麼辦？嗯，與其難過或生氣，不如躺在地板上，假裝小睡片刻。這樣，同學會覺得派特好酷，也會想成為他的朋友。

2. 把你的拿手絕活秀給同學看。問老師能否給你機會介紹你的嗜好或喜歡的活動，無論是動物、特殊收藏、玩具車或遠足。

3. 找機會幫助同學。自願送作業給生病請假的同學，或幫同學解答有疑難的算術題。

4. 下課時間，遠離正在吵架的同學，或惱怒你的同學經常出現的「熱門區」。

5. 請班導師從高年級選出一位「大哥哥」或「大姊姊」在下課時間陪你。其他同學將會羨慕你。

怎麼做才能更整潔、更有條理？

1. 用不同顏色的紙包裝每一科目的筆記本、課本和習題簿。例如，算術用綠色的紙，聽寫用紅色的紙。這樣你會很方便找到每堂課要用的東西。

2. 把學校課程表貼在房裡最顯眼的位置。確定課程表上清楚記錄了不同科目上課的時間，以及各科要帶的用品。例如，你可以在「算術」下方，寫上「筆記本、課本、尺、圓規」。這麼做將使你更容易準備好每天上學要用的東西。

3. 確保你的課桌整齊清潔。桌上應該只放你當下需要用到的東西。也就是說，每

堂課結束時，你應該把下堂課用不到的東西都收起來。

4. 學校生活日記是學生最好的朋友！不只用來寫下家庭作業，也可以用來提醒你，別人的生日、課外活動及其他重要事項。選一本有趣的日記本，讓自己整年翻閱的時候都很愉快。為了確保你已寫下所有必要事項，請老師幫忙檢查，或借朋友的學校生活日記來參考也可以。如果有遺漏的地方，補上去。

5. 在書包裡面放一個裝「流動紙張」的文件夾，把在學校拿到的紙張或便條全放進去。每天放學回家，檢查文件夾，看看裡面有什麼：

- 練習題？不好玩，但你還是得做……
- 通知單？拿給爸媽看或貼在看得到的地方。
- 無關緊要的紙張？丟進垃圾桶！

C. 對付家庭生活的妙招

家中有一個或一個以上的過動症患者，生活絕不無聊！每一位過動兒都有用不完的精力，不時帶給家庭新的挑戰。和腦中警察昏昏欲睡的孩子一起生活，對父母和兄弟姊妹可能都不是容易的事，有時還造成家中的氣氛緊張不安和憤怒。但如果你善用以下一些訣竅，就能使整個家更平靜、更快樂。

[109]

鼓勵每位家人成為過動症專家

鼓勵家人成為過動症專家，有助於他們瞭解並幫助你。你可以和他們一起閱讀

本書，或讓家人單獨閱讀，然後跟他們談論。你爸媽也可以閱讀其他談論過動症的書籍、在網路上找資料、參加網路論壇，或加入父母支持團體。

該如何計畫每天的生活？

務必有固定的日程表。試著設定起床、做功課和上床睡覺的時間。做一個時間表，上面記載每日或每週的時間安排，然後貼在你的房間。你可以用寫字或畫畫的方式，將表格上你為各時段安排的時間和活動清楚標示出來。不要忘了用各種顏色、標籤紙或其他有趣的圖案裝飾你的時間表。

如何讓你的一天有好的開始？

設定鬧鐘，放在遠離床的位置，好讓自己不得不起床才能關掉鬧鐘。一旦離開床，就不要爬回床上。試著習慣比平常早半小時起床，這樣你才能慢慢醒來、換衣服、吃早餐、準時到校，而不必急急忙忙。

和爸媽一起列出你早上該做的每件事。把這張清單貼在你可以輕易看到的地方，每天早上一一核對打勾。如果你用的是磁鐵板，請在完成的事項旁邊放一塊磁鐵標記。以下是範例：

6:45　在我的房間：醒來並起床。

6:50　在浴室：小便、洗臉。

7:00　在我的房間：脫下睡衣、穿好外出服。

7:15　在廚房：吃早餐。

7:30　在浴室：刷牙、梳頭。

7:40　把三明治放進午餐盒，跟家人說再見。

7:45　出發上學。有個美好的一天。

你的清單應該與生活相符，而且可以納入其他事情，像是溜狗、記得帶鑰匙，或帶弟弟妹妹去幼稚園。

放學後的活動，像是家庭作業、課外活動、和朋友在一起，也應該事先計畫，並寫在每日或每週的時間表上。你可以善用午後時光去做自己喜歡或擅長的事情。

不要等到大掃除才整理你的東西！

保持東西井然有序，能幫助你組織想法。這麼做能省掉你必須用來找東西的時間和麻煩。訂一個時間收拾你的房間。例如，每天晚上或星期五下午。別忘了有句格言：「萬物各得其所，各安其位！」

如何確保一天快樂的結束？

提早備好明天要用的書籍、學用品和衣服。你甚至可以做好三明治放在冰箱，這樣隔天早上就可以直接放進午餐盒帶走。

夜間有足夠的睡眠很重要，能幫助你保持心平氣和，在學校更能集中精神。每天晚上盡量在固定時間上床睡覺，就算不累也要這麼做。務必在自己的床上入睡，而不是在電視機前面睡著！一天的最後一小時應該安定平靜：聽聽放鬆的音樂，看看書，做深呼吸練習，和爸媽講講話，請他們幫你按摩或抱抱你。最好把沖澡時間放在預定睡覺前至少一個半小時。淋浴後馬上就寢，會使過動兒難以入睡。不要在爸媽的床上睡著，也不要半夜爬上他們的床！

如何改善你和家人的關係？

1. 找機會與家人談話，例如：用餐時間、家庭出遊或只是一起搭車的時候。
2. 帶手錶，養成準時的習慣。如果你遲到或讓家人等你，他們會不高興。
3. 單獨與爸爸或媽媽解決你的問題，不要把另一人扯進來。如果你跟媽媽要某樣東西，但媽媽不准，不要向爸爸求救。當其中一人同意，而另一人拒絕時，通常都是因為他們彼此不知道對方說了什麼，而這可能導致他們吵架。
4. 尊重父母和兄弟姊妹的隱私，正如你也希望他們尊重你的隱私。不要沒有敲門就闖入他們的房間。如果他們請你離開，你要照做。
5. 不要未經許可就亂動或拿走家人的東西。如果你想要的東西不屬於你，可以

大聲說出來或用寫字條的方式，徵詢對方的意見。你也可以提出交換條件。例如，你可以問弟弟能否騎他的腳踏車，條件是他可以用你的電腦。或者你可以借爸爸的CD唱片，以晾衣服作為回報。如果某樣屬於爸爸、媽媽或兄弟姊妹的東西非常吸引你，而你也認為自己無法抗拒這誘惑，在你陷入困境之前，快快遠離吧！

6. 不要忘了告訴爸媽你要去哪裡、何時回家。去朋友家之前，留張便條給爸媽，上面寫著朋友的姓名、住址和電話號碼。

7. 負責分擔一些家事。例如，你可以在爸媽休息的時候，幫忙照顧弟弟妹妹，也可以幫忙洗碗盤。利用腦中的警察睡著作為藉口而不做家事，會讓家中所有人感到惱怒。

8. 告訴爸媽，當他們想告訴你事情或要求你做事的時候，到你身邊來說。從遠處大聲嚷嚷，對過動兒行不通。有時候，爸媽需要和你有眼神接觸或碰觸你，使你聆聽他們說話，尤其當你處於全神貫注的狀態，比如正在看電視或使用電腦。

9. 請爸媽清楚告訴你，他們希望你做什麼。例如，與其說要你幫個忙，不如明確告訴你，請把餐具擺好。

10. 請爸媽用可愛有趣的字條提醒你一些事情。

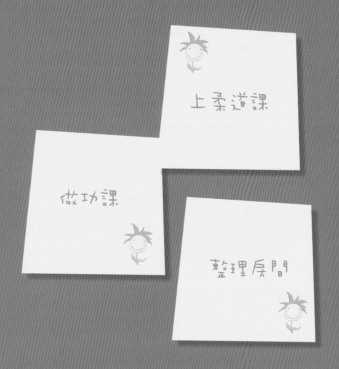

11. 不要一遍又一遍要求爸媽同樣的事情。
    這麼做只會讓他們感到頭痛，覺得你很
    煩。你問過一次而且確認爸媽瞭解後，
    把你請求的事寫進你的「麻煩事手
    冊」。一天結束時給爸媽看這本手冊。

使用微笑貼紙來提醒自己重要的事
情。例如，大門上的微笑貼紙能提醒你每
次出去時記得鎖門。你也可以用不同顏色
的微笑貼紙記住各種事情，像是生日、牙
醫約診、課外活動、考試和其他事情。

用色彩鮮豔的彩色筆寫便條提醒自己
這些重要事項，並貼在你保證看得到的地
方。

許多過動兒無意中做了錯誤的事情。
我們已經瞭解到，他們不應受責備，但他
們必須為所發生的事負責。負責任的最後

階段是修正過錯。

- 你弄丟了朋友的球？……買一個新的還
  他！
- 你的冰淇淋滴到地毯？……把地毯清乾
  淨！
- 你惹朋友生氣了？……向他／她道歉！
- 你打破了花瓶？……別把花瓶碎片藏在
  地毯下。承認是你做的，問媽媽如何能
  彌補你的過失。
- 你控制不了自己，結果把原本要給全家
  人吃的餅乾吃光了？……去商店再買一
  些回來。等所有人都吃過了，你才可以
  吃。

也許你做錯事是因為大腦中的警察昏
昏欲睡，但這些行為的確令人傷心、生氣
或苦惱。好消息是，你永遠都能修正錯
誤。當男孩或女孩改正自己的過錯，大家
會認為他們是成熟的好孩子，將更喜歡他
們，而他們也會因此變得更受歡迎。

紫色

D. 建立良好友誼的忠告

過動兒可以成為很好的朋友。他們充沛的精力、熱情和創意，是任何團體樂於接受的附加元素。過動兒想要有朋友，也希望能成為團體的一部分，但有時他們不知道如何實現這個目標。以下祕訣將幫助你適應社會、結交新朋友。

該如何與朋友交談？

1. 直視你的朋友。
2. 少說多聽！不要打斷朋友的談話，也不要還沒聽完問題就試圖答話。
3. 把你喜歡做的事和你的感受告訴朋友。
4. 問朋友問題：春假期間你做了什麼？跟誰在一起？收到任何禮物嗎？
5. 找機會對你的朋友說好話，例如：「你今天穿的襯衫好酷！」或「恭喜你，你考得很好！」你也可以豎起大拇指或透過其他非語言的方式，來表示贊同。你還可以稱讚朋友說的話，例如：「真是絕妙的主意！我從來沒想過。」或「你告訴我的事真的好有趣。」
6. 不要站得太靠近朋友。想像你的朋友被五彩繽紛的泡泡圍繞，如果你靠得太近，很可能把泡泡弄破。
7. 盡量不要太頻繁觸碰你的朋友，因為你的舉動可能會讓他／她覺得困擾和惱怒。

有人作弄你時，該如何應對？

如果有人嘲笑你或輕視你，學會一笑置之，而不要悲傷或憤怒。這麼做應能幫助你除去心痛的感覺。例如：
—「過來，小子，我不加鹽巴，就可以把你吃掉！」
—「真是糟糕。不加鹽巴，就品嘗不到我有多可口！」
或是
—「嘿，你怎麼老是丟三忘四，難道你從不用大腦嗎？！」
—「還好我的頭黏在肩膀上，不然我可能連頭都搞丟了！」

如何跟別的孩子一起玩？

1. 如果你想要加入一塊兒玩耍的孩子群中，請先花點時間弄清楚他們正在做什麼。你「弄懂」之後，就可以幫助他們或提出新的想法。
2. 不要試圖說服他們玩你想玩的遊戲。
3. 如果你已盡力配合他們玩遊戲，但他們還是不接納你，不要灰心！告訴自己：「沒關係，我改天再試試看。」
4. 不要做任何事傷害他們，也不要搞砸他們正在玩的遊戲，否則他們下次一樣不想跟你玩。

到朋友家作客時，該如何表現？

　　到朋友家作客，必須彬彬有禮、溫和可親。如果你拿出最好的表現，朋友自然會再邀請你來。討人喜愛又平易近人的孩子比較容易交到朋友。以下是如何在朋友家作客的幾個祕訣：

1. 問清楚你應該把東西（如：鞋子和書包）放在哪裡。不要隨便丟在地上。
2. 如果你想要光著腳丫走動，問朋友可否脫掉鞋子。
3. 在朋友家，你只能自由進出幾個地方：客廳、朋友的房間、廚房或遊戲室。其他臥室和工作室是私人空間，你不得進入。
4. 切莫靠近開放式櫥櫃和冰箱，就算你真的很好奇。
5. 如果你肚子餓了或口渴，問朋友或朋友的父母可否提供食物或飲料。不要擅自拿任何東西，也不要忘了魔術字眼：請、謝謝。
6. 每個家庭都有自己的規則。留意遵守這些規矩，就算和你家很不一樣。例如，在你家是可以在客廳電視機前吃東西，但在朋友家只能在廚房吃東西。即使這意味著你會錯過有趣的電視節目，你還是得遵守這個規定。
7. 到了該回家的時間，你要幫助朋友清理你們在臥室、客廳或廚房製造的髒亂。

8. 離開前，要有禮貌地對朋友和朋友的父母說再見。謝謝他們邀請你來，並邀請你的朋友下次來你家玩。

朋友來你家作客時，該如何表現？

朋友來你家玩的時候，要讓他們感到舒服自在。學期間是計畫邀請朋友來訪的好時機。如果你怕忘記，可以在書包裡或日記本上貼一個寫著字母F（指「朋友」）的貼紙作為提醒。有些孩子喜歡邀請很多朋友到家裡玩。通常對過動兒來說，一次邀請一位朋友比較容易。你可以兩種方式都試試，看看哪種比較適合你。

1. 學習和朋友分享你的玩具和遊戲器材。讓朋友試用你房裡的東西。不要獨占電腦，讓你的朋友只能站在旁邊看著你。

2. 朋友來之前，先把你們能在屋裡一起做的事情列出來：玩大富翁或電腦遊戲、看部電影、玩洋娃娃或樂高組合玩具、做做手工藝。另外還包括你們可以在住家附近做的事情，像是去遊樂場或騎騎

腳踏車。等朋友抵達後，讓他們看這張清單，問他們有沒有其他想法，務必共同決定要做的事。

3. 就算朋友正在做的事情，此刻引不起你的興趣，也不要讓他／她獨自留在你的房間。你的朋友是來找你玩，而不是要自己一個人玩。

4. 想辦法讓朋友在你家度過美好時光。提供他們食物和飲料，也別忘了讚美他們：「妳做的項鍊美極了！」「哇，你好會玩那套電腦遊戲，你成功晉級了！」

5. 如果你不能與朋友和睦相處，爸媽可以幫助你。

6. 朋友準備回家的時候，你要陪他們走到門口，務必告訴他們，你今天玩得多開心，希望很快能再和他們一起玩。

如何維持友誼？

1. 切莫用幽默的方式取笑或侮辱別人。

2. 找機會幫助朋友。例如，你可以送作業給生病請假的同學，或是幫朋友計畫派

對。

3. 就算和朋友吵架,也不要急著和對方絕交。不要等朋友來請求你原諒。向對方展現你是成熟的人,先跨出第一步與對方和好。

如何結交新朋友?

1. 加入與你趣味相投的團體(如:模型飛機、電腦、大自然),或是才藝相仿的兒童團體(如:戲劇、歌唱、雜技表演)。

2. 參加青少年活動或青少年俱樂部。

E. 自我感覺良好的妙招

和所有兒童一樣,過動兒可以是快樂、友愛且熱情,但他們也可能憤怒、悲傷而沮喪。由於腦中的警察昏昏欲睡,過動兒的情感往往比其他孩子強烈,也較容易表露出來。

另外,過動兒聽到的所有批評和指責,往往導致他們不相信自己,認為自己不值得稱讚,甚至覺得自己很壞。這類思想影響了他們的心情,常令他們傷心。

如何幫助自己感覺更好?

1. 用言語表達你的感覺,不要用行動。與其甩門或朝牆壁扔東西,不如說:「我確實很生氣」或「那真的讓我很不舒服」。

2. 你也可以透過玩遊戲、畫畫、唱歌、寫作、放音樂、聽音樂、說笑話、甚至參加體育活動,來表達你的情緒。重點就是找出適當方法把情緒宣洩出來,這樣

[117]

紫色

才不會傷害自己或別人。

3. 用頭腦思考，而不要只用你的心和情緒！如果說些「我一無是處」或「沒有人愛我」之類的話，你很可能任憑自己的感覺朝這方向發展。在你有時間檢驗負面感受之前，不要輕易相信感覺。

以下是用頭腦檢驗情緒感受的例句：

情緒感受：妹妹老是取笑我！

思考過後：妹妹有時取笑我，我有時也取笑她。但大部分的時候，我們喜歡一起歡笑玩耍。

情緒感受：媽媽從來就不關心注意我！

思考過後：媽媽今天真的很忙，所以我們沒時間說話，但她平常會花很多時間陪我。

情緒感受：弟弟小喬總是每件事都做得比我好！

思考過後：小喬打籃球打得比我好，但我的算術和足球比他拿手。

情緒感受：全世界都與我作對！

思考過後：班上有兩名同學老是作弄我，但其他三十五位同學都願意跟我做朋友。

4. 世界上大部分的事都是中等程度，不太大也不太小。極端的字眼如：「總是」、「從未」，雖然描述了你內心的感受，但卻不是外在真實發生的事。因此，作出反應之前，請先檢驗事實真相，這麼做能幫助你遠離煩惱。

5. 對自己懷抱正向、愉快的想法。不要想「我很笨」或「我是討厭鬼」，要想「我是一個特別的小孩」而且「跟我在一起很有趣」。

6. 別讓失敗擊倒你。不過是算術沒考好嘛！不過是足球比賽一分都沒進嘛！又不是世界末日。再努力一點，勤加練習，下一次你會做得更好。不過是和小珍吵架了！你們一定能和好，就像其他時候一樣。不過是因為下雨而取消遠足罷了！春天快到了，到時候就有很多陽

光燦爛的日子可以快樂遠足了。

7. 試著記住，壞事總會過去。如果覺得沮喪，看看家庭相簿或家庭影片，你一定會覺得好一點。

8. 試著記住發生在你身上的趣事或愉快的事。

9. 想想成功的事：我在典禮上獨唱，獲得滿堂彩；我投三分球，大家都歡呼起來。

10. 試著花時間與愛你、讓你感覺良好的人在一起，像是祖父母、親戚、好朋友。他們能幫助你養精蓄銳，給你溫暖的感覺。

11. 如果你認為自己不善於某件事，嘗試面對而不要選擇逃避。例如，正因為你認為自己不擅長游泳，就更沒有理由待在泳池邊。你應該跳進水裡，不斷練習，直到改善你的游泳技術。你可以請爸媽教你，或幫你報名游泳課。

12. 無論什麼景況，總要看光明的一面。如果爸媽出國度假，你很想念他們，就想想爸媽一定會帶禮物回來給你。如果你的狗走失了，你很傷心，就想像牠已在郊區找到新家，在那裡可以自由自在地跑來跑去。

13. 以明亮歡樂的色彩想像未來。考試前，告訴自己：「我知道我會做得很好。」如果搬到新社區，告訴自己：「我要在這裡結交新朋友。」

14. 原諒別人，即使他們不瞭解你，沒有照你希望的方式對待你。他們不是有意要傷害你。如果你做錯了事，要原諒自己。你是個了不起的好孩子，就算你有時候做錯事，下次你一定會做得更好。

　　最重要的是，永遠要記得，明天又是新的一天，而且將是美好的一天！

摘要

摘要

1. 不要拿「腦中的警察睡著」當藉口。這麼做很不成熟，也無助於成長與進步。

2. 為自己的人生負責，不要叫別人為你負責。

3. 成為過動症專家。

4. 務必提前計畫。

5. 尋求周遭人事物的幫助。

6. 與嘗試幫助你的專業人員合作。

7. 使用呼吸法或其他活動讓自己平靜下來。

8. 聽從在生活中各領域表現傑出的親朋好友給你的建議。

9. 改正自己犯的過錯。

 親子課題

攜手合作，喚醒睡著的警察

1. 自創新招

在本章節中，我們已經把許多曾幫助世界各地無數過動兒的訣竅傳授給你。過動兒家庭也可以自創新招，幫助孩子更有條理、不會忘東忘西、在長途旅行中不會因為無聊而抓狂。他們也可以發明其他訣竅。來自家庭的方法既溫馨又個別化，有時甚至比外界的建議更有效。

【範例】

目標：如何做功課而不會無聊死了

提案人：愛麗思奶奶

建議：把做功課的時間分成幾個時段，包含休息時間。在一張紙上寫下六個簡單的運動項目，例如：單腳跳十次，或像馬一樣小跑，然後將每項運動編為一到六號。每到休息時間，就擲骰子，擲到哪個號碼就做該項運動。像這樣愉快地變換節奏，能幫助你更集中精神來完成作業。

把你家的妙方寫在筆記本或便條紙上。

你已從本章得知大量的建議，也加上一些自己獨創的方法，這是否意味你從此可以高枕無憂，因為知道一切皆已就緒？不，不盡然！即使有最好的建議，你大腦中昏昏欲睡的警察可不會每次都合作，你有時會因為他的緣故，而不聽從建議或堅持下去。但不要氣餒。只要你答應給這位警察應得的獎勵，他通常會醒來，開始執行他的重要任務。接下來，我會告訴你如何進行。

2. 獎勵方案（行為矯正表）

* 與孩子一起選出本週的任務，可以是本章提供的一項建議，或是應該改善的特定行為。請選擇不太容易但也不太難的任務，例如，隨時讓父母知道孩子去了哪裡，或是每天先把功課做完，才從事其他活動。

* 選定一份獎勵，作為孩子順利完成任務的回饋。所謂獎勵，可以是買來的東西、額外的電視或電腦時間、和父母去郊遊或一些類似的活動。

* 與孩子一起畫一張有十四個欄位的表格，每一欄代表未來兩星期的每一天。把這張表格貼在家裡每個人都很容易看到的地方。

* 每天只要孩子做到指定任務，就得十分，記在表上。當分數累積到一百分，就能獲得獎勵。顯然，

孩子越勤奮履行任務，就越早獲得獎賞。如果孩子沒有達成目標，那天就沒有得分，與此方案無關的負面行為也不會扣分。

* 在預定期限內，始終一致堅守這個方案。重要的是，孩子應當參與這個方案，並按照規定履行任務，而不要試圖爭辯，或跟父母討價還價。

3. 有助於喚醒腦中警察的家庭遊戲

以下的遊戲和獎勵方案一樣，都是以完成指定工作便可得到獎賞為依據。同樣地，不要因為孩子沒有完成任務就扣分。但只要孩子完成了指定工作，務必記得幫他／她加分。

A. 拼圖

目標：完成拼圖，獲得獎品。

所需材料：一張圖片、照片或素描（內容是孩子希望得到的獎品）；厚紙或硬紙板；剪刀；簽字筆；膠水；一個小袋子或盒子。

準備工作：與孩子共同選定一份獎品，作為他／她履行一週任務或建議的回饋。把獎品的圖片或素描貼在厚紙或硬紙板上面。然後，在圖片上畫波浪形的橫線和直線，作為拼圖塊的標線。沿線剪成一塊一塊，把剪好的拼圖塊放入袋子或盒子。較年幼的孩子只要十二塊拼圖就夠了，較年長的孩子可以給他們二十五塊拼圖。

遊戲規則：挑選本週的任務。每次孩子執行這項任務，就可得到一塊拼圖。特別的努力可以得到兩塊拼圖。拼圖完成時，孩子也得到大獎！

B. 字母接龍

目標：跟著二十六個字母拿到獎品。

所需材料：獎品的圖片或素描；簽字筆。

準備工作：在圖片周圍畫二十六個形狀，在每個形狀中寫一個字母，按照二十六個字母的順序。把圖片貼在顯眼的位置。較年幼的孩子只要用十二個字母就夠了。

遊戲規則：挑選本週要練習的一項建議，或是孩子需要改進的某種行為。孩子每次遵從建議或行為有所改進，可用簽字筆把一個字母連到下一個字母。連到字母 Z 時，孩子也得到大獎！

C. 創意著色

目標：將圖片中所有的圖案分別塗上顏色，獲得大獎。

所需材料：大張白紙；黑色鉛筆；橡皮擦；彩色簽字筆。

準備工作：用黑色鉛筆畫一張包含十二個圖案的大型畫。運用你的想像力──你可以畫水族箱，裡面有魚、海星、海馬、螃蟹和章魚等等；也可以畫有各式各樣花朵的花田、很多星星的天空、動

物農場。把這張圖貼在顯眼的位置。

遊戲規則：每次孩子執行你們共同決定的任務，就為其中一個圖案著色。隨著圖畫越來越色彩繽紛，孩子得到獎品的日子也越近。這個遊戲比較適合年幼的孩子。

以上只是一些可以在家裡玩的遊戲，目的是要叫醒腦中睡著的警察。請發揮創意，一起發明新的遊戲。你可以用生動有趣的構想讓孩子驚喜。務必經常更換遊戲內容和挑戰，以防腦中的警察睡著。

給大忙人的提示：你可以在當地玩具店找到各種這類遊戲。

4. 我的心靈樂園

想想看世上有哪個特別的地方令你感到愉快放鬆，把這個特別的地方寫在筆記本或便條紙上。越詳細，用越多感覺來描繪，那地方對你就越發真實，你越容易在想像中前往該地。為你的心靈樂園畫張圖，有照片的話，也可以把照片貼在牆上。每當你感到傷心或心情不好的時候，做個深呼吸，閱讀自己的描述，看看圖片，透過想像漫遊你的心靈樂園。你會覺得好過很多。

----

[123]

最後的慶賀！

作者給過動兒的話

我們已經到達終點了，現在是慶祝的時刻！

　　恭喜你完成這趟美妙而重要的過動症患者世界之旅。盼望你玩得愉快，也學到新的東西。請把這本書放在隨手可得的地方，因為你可能不時想要翻閱或拿給別人看。請永遠記得，你很特別，而且獨一無二。全世界、甚至整個銀河系，無人像你。千萬不要因為自己與眾不同而感到羞愧。你可以自豪地說：我是過動兒！！！

　　此刻，就在我們說再見之前，請答應我，即使別人對你說了不太友善的話，即使他人對你大發脾氣，或對你感到失望，你會永遠相信自己。很多過動兒需要花好長的時間，才明白自己擅長什麼，以及哪些事能讓自己快樂。但是，當他們終於找到答案時，他們得到輝煌的成就，並體驗到極大的喜悅。因此，就算你現在過得很辛苦，請不要灰心，繼續加油！

　　現在，讓我們用巧克力牛奶或蘋果汁，為你和所有過動兒乾杯……

願你時時都能向人證明你有多麼聰明、善良而且了不起。
願你一生永遠堅強、勇敢。
願你永遠原諒不瞭解你的人，並且懂得原諒自己的過錯。
願你永遠得到他人的尊重、理解與公平的對待。
最後但並非最不重要的是，願你永遠得到身邊的人滿滿的愛。

　　對我來說，這本書實現了我的一個夢想：使過動兒成為過動症專家。

　　在我實現夢想的這件事上，你扮演著重要的角色，因為你閱讀了這本書，而且使自己成為過動症專家。今天你將獲頒一張專家證書，希望你把這張證書掛在家裡最重要的位置，因為你真的很努力才贏得這份殊榮！

　　你也可以瀏覽我的網站：myadhd.co.il（編注：該網站為希伯來文）。請寫信給我，告訴我你最喜歡這本書哪部分、不太喜歡哪部分，以及這本書讓你有什麼想法和感受。我還想知道你如何運用本書的一些建議，以及這些建議帶給你什麼幫助。當然，我也希望收到你的家人、老師和朋友的來信，聽聽他們對這本書的看法。如果你們有什麼獨特的招數或遊戲可以叫醒腦中睡著的警察，請來信告訴我，我可以傳授給其他過動症患者。

　　再見了，親愛的孩子們，祝你們事事如願！

關心你的　蘿拉

證書

地點 : _____
日期 : _____

茲證明（姓名）_____ 讀完了《我的過動症》

一書，並學會如何叫醒睡著的警察，特此頒發

注意力不足過動症專家 之學位。

_____
專家的簽名

_____ 　　　 *Laura Wolmer*
父母的簽名　　　　　　　　　作者的簽名

在台灣，你可以使用的醫療資源：

台北市	台大醫院兒心科	02-23123456-70160
	台北榮民總醫院青少年心理科	02-28712121
	財團法人長庚紀念醫院（台北本院）兒童青少年精神科	02-27135211
	三軍總醫院精神部	02-87923311
	國軍北投醫院身心科	02-28959808
	馬偕紀念醫院兒童心智科	02-25433535
	台北市立聯合醫院（仁愛院區）精神部	02-27093600-2123
	台北市立聯合醫院（和平院區）精神部	02-23889595
	台北市立聯合醫院（婦幼院區）精神部	02-23916471
	台北市立聯合醫院（松德院區）兒童青少年心理衛生門診	02-27263141
	台北市立聯合醫院（中興院區）精神科	02-25523434
	台北市立關渡醫院身心科	02-28587000
	台北市萬芳醫院精神科	02-29307930
	和信治癌中心醫院精神科	02-28970011
	莊凱迪診所	02-23697926
	台北醫學大學附設醫院	02-27372181
	台安醫院	02-27718151-4
	佑泉診所	02-27595530

新北市	馬偕紀念醫院（淡水院區）精神科	02-28094661
	恩主公醫院精神部	02-27623456
	天主教耕莘醫院新店總院精神科	02-22193391
	耕莘醫院（永和）心理衛生科	02-29251405
	佛教慈濟綜合醫院（台北分院）身心醫學科	02-66289779
	行政院衛生署八里療養院八里兒童青少年精神科	02-26101660
	行政院衛生署八里療養院（土城區）兒童青少年精神科	02-22745250
	台北縣立三重醫院精神科	02-29829111
	台北縣立三重醫院身心科	02-22575151
	國泰綜合醫院（汐止分院）身心科	02-26482121
	板橋亞東紀念醫院	02-89667000
	美麗心診所	02-29886773

基隆市	行政院衛生署基隆醫院兒童心智科	02-24292525
	基隆長庚醫院兒童心智科	02-24313131

桃竹苗	長庚醫院（林口兒童院區）兒童心智科	03-3281200
	桃園（龜山）長庚醫院兒童心智科	03-3196200
	天主教聖保祿醫院兒童青少年心智科	03-3613141
	行政院衛生署桃園療養院兒童精神科	03-3698553
	林正修診所	03-5166746
	安立身心診所	03-6577622
	署立新竹醫院精神科	03-5326151
	苗栗頭份為恭紀念醫院精神科	037-676811

中部地區	台中榮民總醫院精神科	04-23592525
	中山醫藥大學附設醫院身心科	04-24739595
	維新醫院	04-22038585
	中國醫藥大學附設醫院精神科	04-22052121
	林新醫院身心健康科	04-22586688
	黃淑琦身心診所	04-22083603
	王志中診所	04-24823855
	行政院衛生署草屯療養院兒童精神科	049-2550800
	彰化基督教醫院精神科	04-7238595
	行政院衛生署彰化醫院兒童青少年精神科	04-8298686
	台大醫院雲林分院兒童青少年精神科	05-5323911
	天主教若瑟醫院小兒心智科	05-6337333
	署立台中醫院精神科	04-22294411

嘉南地區	嘉義基督教醫院精神科	05-2765041
	嘉義榮民總醫院身心醫學科	05-2359630
	台中榮民總醫院灣橋分院精神科	05-2791072
	嘉義長庚醫院精神科	05-3621000
	成大醫院兒童青少年精神科	06-2353535
	台南新樓醫院身心內科	06-2748316
	蔡明輝診所	06-3369595
	蕭文勝診所	06-2755088
	殷建智精神科診所兒童青少年精神科門診	06-2810008
	行政院衛生署嘉南療養院兒童青少年精神科	06-2795019
	台南奇美醫院兒童及青少年特別門症	06-2812811
	柳營奇美醫院兒童及青少年特別門診	06-6226999

高屏地區	高雄大學附設醫院精神科	07-3121101
	高雄市立凱旋醫院兒青精神科	07-7513171
	高雄市祈福診所	07-3531117
	元和雅聯合診所	07-5550056
	誼安診所	07-8069353
	高雄市立聯合醫院身心科	07-5552565
	財團法人義大醫院精神科	07-6150011
	高雄長庚醫院兒童心智科	07-7317123
	慈惠醫院	07-7030315
	行政院衛生署屏東醫院兒童心智特別門診	08-7363011
	屏東屏安醫院精神科	08-7211777

宜花東地區	羅東平和身心診所	03-9559960
	羅東聖母醫院精神科	03-9544106
	行政院衛生署玉里醫院一般精神科	03-8886141
	花蓮門諾醫院身心科	03-8241234
	慈濟醫院	03-8561825
	同心診所	03-8567803
	楊國明身心科診所身心內科	089-346379

想要知道更多其他資訊，可洽詢下列相關組織及資源：

台灣赤子心過動症協會（http://www.adhd.org.tw）：02-27361386

高雄市注意力缺陷過動症協會（http://www.khadhd.com.tw）：07-2512291

台灣學障學會：089-350142

中華民國學習障礙協會（http://ald.daleweb.org）：02-27360297

台北市學習障礙者家長協會（http://www.tppald.org.tw）：02-27364062

全國特殊教育資訊網：http://www.spc.ntnu.edu.tw

台灣兒童青少年精神醫療學會專科醫師名錄：http://www.tscap.org.tw/faculty/faculty_01.asp

延伸閱讀書單

《More Than Wonderful，我的過動人生》，吳沁婕著，策馬入林文化，2012。

《301 個過動兒教養祕訣》，王意中著，智園，2011。

《注意！你可能患了注意力缺失症！》，D. G. Amen 著，謝維玲譯，野人文化，2011。

《不一樣的小偉與如如》，徐瑋均等著，心理，2011。

《當媽媽遇見過動兒》，李宏鎰著，心理，2011。

《過動不需藥》，S. I. Greenspan 等著，張明玲譯，智園，2011。

《我 ADHD，就讀柏克萊》，B. Taylor 著，李美華譯，智富，2011。

《「飛魚」菲爾普斯：沒有極限的突破》，衛威著，好優文化，2010。

《有效提升孩子專注力：圖解注意力不集中》，市川宏伸著，申文淑譯，新手父母，2009。

《分心就該這樣教》，E. M. Hallowell 等著，丁凡譯，遠流，2009。

《教出專心的孩子：是好動還是過動？》，張靜慧等著，天下雜誌，2008。

《遇見「過動兒」，請轉個彎》，李宏鎰著，心理，2008。

《發掘過動兒的天賦》，L. Honos-Webb 著，繆靜玫譯，新苗文化，2007。

《停不住的小孩》，許世勳著，文房文化，2007。

《你的孩子真的是過動兒嗎？》，C. Ettrich 等著，劉夢婷譯，奧林文化，2007。

《讓過動兒也有快樂人生》，L. Sonna 著，余欲弟譯，新手父母，2007。

《過動兒教養寶典》，石崎朝世著，中經社文化，2006。

《過動兒的教養妙方》，蔡美馨著，新苗文化，2004。

《不聽話的孩子：臨床衡鑑與親職訓練手冊》，R. A. Barkley 著，趙家琛等譯，心理，2002。

《過動兒父母完全指導手冊》，R. A. Barkley 著，何善欣譯，遠流，2002。

《不聽話的孩子？過動兒的撫育與成長》，M. Fowler 著，何善欣譯，商周文化，2001。

《注意力缺陷過動症：臨床工作手冊》，R. A. Barkley 著，黃惠玲等譯，心理，2001。

《分心不是我的錯》，E. M. Hallowell 等著，丁凡譯，遠流，2000。

《我愛小麻煩》，何善欣著，平安文化，2000。

筆記欄

筆記欄

國家圖書館出版品預行編目（CIP）資料

我的過動症：一段從寓言到輔導的旅程／ Laura Wolmer 著；陳綺文譯.
-- 初版. -- 臺北市：心理，2011.09
面；　公分. --（特教故事系列；66005）
譯自：My ADHD: a journey to attention deficit hyperactivity disorder:
from tale to coaching
ISBN　978-986-191-460-2（平裝）

1.特殊兒童教育　2.過動症　3.親職教育

526.68　　　　　　　　　　　　　　　　　　　　　　100016331

特教故事系列 66005

我的過動症：一段從寓言到輔導的旅程

作　　　者：Laura Wolmer
審 訂 者：陳質采
譯　　　者：陳綺文
執 行 編 輯：陳文玲
總 編 輯：林敬堯
發 行 人：洪有義
出 版 者：心理出版社股份有限公司
地　　　址：231 新北市新店區光明街 288 號 7 樓
電　　　話：(02) 29150566
傳　　　真：(02) 29152928
郵撥帳號：19293172　心理出版社股份有限公司
網　　　址：http://www.psy.com.tw
電子信箱：psychoco@ms15.hinet.net
駐美代表：Lisa Wu（lisawu99@optonline.net）
排 版 者：臻圓打字印刷有限公司
印 刷 者：正恒實業有限公司
初版一刷：2011 年 9 月
初版三刷：2018 年 2 月
I S B N：978-986-191-460-2
定　　　價：新台幣 350 元

■ 有著作權 • 侵害必究 ■
【本書獲有原出版者全球繁體中文版出版發行獨家授權】